Les outils du développement personnel pour manager

Groupe Eyrolles
61, bd Saint-Germain
75240 Paris Cedex 05

www.editions-eyrolles.com

Dans la même collection :

Manager au quotidien,
sous la direction de Stéphanie Brouard

Manager avec courage,
sous la direction de Jean-Paul Lugan et Philippe Ruquet

ISBN : 978-2-212-54713-9

Stéphanie Brouard et Fabrice Daverio

Les outils du développement personnel pour manager

EYROLLES

Préface

Préfacer un texte est toujours un exercice périlleux. Accepter une telle entreprise suppose au moins de la bienveillance pour le projet de l'auteur (en l'occurrence deux directeurs-coordinateurs et leurs nombreux contributeurs), sinon une franche adhésion au contenu du livre. D'où un légitime soupçon de complaisance, voire de connivence, chez le lecteur à l'attention duquel est soumise ladite préface. Et pourtant, le livre qu'on va découvrir - ou pour mieux dire, l'ouvrage, car c'est un bien un authentique ouvrage qui nous est proposé ici - mérite amplement une entrée en matière.

Disons-le sans fard : ses concepteurs, Stéphanie Brouard et Fabrice Daverio, assument l'effet de masse qu'ils ont voulu créer. À cet égard, les chiffres sont éloquents : 30 consultants spécialisés, enseignants, formateurs et autres coachs, travaillant auprès de publics particuliers et professionnels, ont pris la plume pour présenter, sous forme de brèves monographies, quelque 45 méthodes, modèles et techniques se rattachant peu ou prou au développement personnel, au management des hommes dans l'entreprise et plus largement à l'univers de l'efficacité professionnelle. Beaucoup de contributeurs, une matière imposante pour une multiplicité de points de vue.

Le cap fixé ? Dresser une cartographie généreuse qui tend à l'exhaustivité, en vue de dessiner une géographie de ce nouveau continent humain qu'est le développement personnel appliqué notamment au contexte de la vie professionnelle. Car une visite dans n'importe quelle grande enseigne de produits culturels débouche sur ce double constat imparable :

- d'une part, les livres sur les méthodes et les témoignages abondent, au point de déconcerter les lecteurs les plus curieux. Et le plus souvent, dans cette offre quasi pléthorique, le meilleur côtoie l'anecdotique ou le superficiel ;
- d'autre part, les livres de synthèse, capables de brosser un panorama général de la planète « DP », abréviation aujourd'hui consacrée pour désigner le développement personnel, brillent par leur

absence. À l'exception de quelques productions plus ou moins abouties.

Or, l'ouvrage qu'on va lire ambitionne résolument de combler cette lacune. D'où l'effet de masse évoqué plus haut. Des responsables de ressources humaines aux chargés de programmes de formation, sans oublier bien sûr les managers eux-mêmes, chaque lecteur dispose désormais, avec ce livre, de sa boussole pour se diriger efficacement dans un univers qui, bien que très médiatisé, reste étrangement mal connu.

Au passage, et sans tomber dans la publicité facile, ce livre complète, pourquoi ne pas le dire, un récent livre publié également sous la direction de Stéphanie Brouard[1].

D'une construction solide, l'ouvrage qui nous occupe ici passe en revue les grandes méthodes de développement personnel dont certaines sont devenues au fil des années quasiment des paradigmes de l'épanouissement de soi. Nous voulons évidemment parler de la Programmation neuro-linguistique (PNL), de l'Analyse transactionnelle (AT) ou des approches dites « systémiques ». Mais, et c'est un des intérêts de ce projet éditorial, des méthodes moins populaires, plus confidentielles sur le « marché » français, voire quelque peu décalées, ont volontairement été incluses dans ces pages. L'ensemble des approches bénéficiant d'une égalité de traitement. Conséquence de cette démarche foncièrement didactique : on ressort d'une lecture linéaire du texte avec l'impression d'avoir découvert l'offre existante. Les noms des fondateurs qu'il faut impérativement connaître, les principales écoles, les idées directrices propagées par les professionnels, les applications les plus courantes au sein de l'entreprise, pour chaque méthode, l'essentiel est dit, ou peu s'en faut, pour se faire une première idée, ou se remettre en mémoire les fondamentaux.

Mais s'il n'était qu'un catalogue tant soit peu exhaustif, le livre n'atteindrait qu'en partie son but. Car après la découverte en surplomb, étape indispensable en première approche, vient le moment de l'atterrissage, puis de l'exploration concrète du « terrain ». Sur ce point, et les auteurs le savent parfaitement, le recours à d'autres livres, davantage spécialisés, plus « verticaux », s'avère nécessaire pour complé-

1. *Manager au quotidien, les attitudes et comportements du manager efficace* (Éditions Eyrolles).

ter l'information d'abord, puis préparer un plan d'action ensuite. Du reste, les contributeurs ont fait l'effort d'indiquer systématiquement, pour chaque modèle évoqué, les ouvrages de référence ou simplement accessibles. Certainement pas dans le but de transformer les managers en rats de bibliothèque, mais avec le souhait de mettre à disposition du lecteur un ample éventail d'indications. Et puis, là aussi, affirmons-le avec franchise : une puissante bibliographie constitue une des caractéristiques essentielles des livres qui revendiquent haut et fort l'esprit de sérieux.

À cet égard, les concepteurs du livre n'oublient pas que le préfacier est un auteur de livres de « psy », mais également de « philo », autrement dit quelqu'un qui par nature affectionne l'exercice de la pensée par concepts et de l'analyse critique. Cette exigence critique des auteurs est pour le moins judicieuse dans un domaine qui, on le dit peu, pèche largement par manque de rigueur intellectuelle. Sans compter que les prétentions de certains « théoriciens » de la « croissance personnelle » sont parfois cruellement contredites par la réalité des transformations effectivement accomplies sur les plans individuel et collectif, indifféremment. Ici, rien de tel. Ainsi, chaque méthode présentée est systématiquement assortie d'un paragraphe intitulé « Apports et limites ». Que chaque méthode comporte des limites, voilà une évidence trop souvent perdue de vue par les propagateurs, zélateurs et autres épigones de telle ou telle approche. Fait révélateur et riche d'enseignements : au chapitre des « limites » les contributeurs pointent, chacun à leur manière, deux travers assez répandus que tout candidat à l'épanouissement personnel (en contexte professionnel ou non) serait bien inspiré de méditer :

1. la tentation de faire d'une méthode une sorte de baguette magique de la transformation de soi, des autres ou des organisations et laisser penser que la modification d'un comportement est aisément accessible, transférable, reproductible, bref, « industrialisable ». Un terme bienvenu lorsqu'il s'agit de produire vite et bien des millions d'exemplaires d'un même véhicule au meilleur prix, mais totalement déplacé, pour dire le moins, au royaume des êtres de chair, de sang et d'esprit ;
2. prétendre interpréter et comprendre cette réalité extraordinairement complexe qu'est la personne humaine au travers d'une grille d'analyse univoque, aussi originale soit-elle.

À cet égard, rien de plus insupportable que ces nouveaux convertis qui, au terme d'un stage et de quelques lectures à la hâte, veulent tout expliquer qui, par le modèle de Palo Alto, qui par l'intelligence émotionnelle, qui par la Process Com, et ainsi à l'infini. Cette attitude, perceptible jusque dans les rangs des professionnels, outre qu'elle traduit un déficit de profondeur et de perspective critique (au passage, les philosophes ne sont pas toujours à l'abri du manque de discernement) n'a rien d'anodin : elle transforme, non, pervertit, l'emploi d'une technique en entreprise de « technicisation », autrement dit de formatage des comportements. Chacun perçoit l'écueil d'une telle dérive : l'exploitation à outrance de la technique devient dressage, la volonté de transformer comportements et attitudes, stérilisation pure et simple de la créativité. L'épilogue d'un tel scénario est connu par avance : la valeur est écrasée par la norme, le processus remplace l'action… et, paradoxe suprême, l'organisation, *rationalisée* à l'extrême, plus guère *rationnelle* et moins encore *raisonnable* (un terme de philosophe), périclite de ses « performances ».

On le conçoit, la responsabilité du management d'entreprise est grande dans ce qui sera le destin du développement personnel et professionnel au service de tous. Au passif, la créativité, revendiquée ouvertement par les décideurs et affichée jusque dans les rapports d'activité, est trop souvent sacrifiée, jour après jour, sur l'autel d'un morne conformisme. À l'actif, la propagation de la mouvance « DP » dans le monde socio-économique aura eu un mérite insigne : engager l'entreprise, justement, à respecter davantage le principe de cohérence entre les valeurs prônées et les pratiques effectivement mises en œuvre. À l'échelle de l'histoire, le temps n'est plus très loin où personne ne pourra croire, à commencer par les décideurs eux-mêmes, qu'à une certaine époque l'« humain » était parfois considéré et géré comme une simple « variable d'ajustement ».

Au tournant du siècle, qu'il y ait encore un chemin considérable à parcourir doit constituer, pour chaque *partie prenante* (comme on dit aujourd'hui), une raison supplémentaire de se mobiliser. Du reste, d'incontestables progrès dans le monde de l'entreprise sont à remarquer et à saluer. La voie de l'équilibre et du succès passe par une combinaison – mieux, une combinatoire – de toutes les sciences humaines. Vertigineux mais exaltant chantier !

S'appuyant sur leur expérience, les contributeurs du livre, rompus aux rigueurs du « terrain » (la plupart interviennent depuis des années au sein d'entreprises) militent ouvertement pour une approche fondamentalement équilibrée :

- d'un côté, oui, la rigueur des méthodes, l'utilité opérationnelle des grilles de lecture, les qualités structurantes des matrices, l'apport immédiat des outils. Car, lorsqu'il s'agit de passer de l'idée à l'action, dans l'entreprise comme partout, rien n'est plus profitable qu'un outil... qui se sait outil. Avec le recul, il apparaît que les méthodes présentées dans ces pages sont, et restent, un levier fécond dans le processus sans fin de l'épanouissement personnel et du développement professionnel, deux dimensions en interaction permanente ;
- de l'autre, le refus de mettre les gens en uniforme mais au contraire la volonté de préserver leur part d'irréductible liberté, de spontanéité, d'imprévu, de *poésie* (du grec *poiêsis,* « création »). Une attitude sans doute respectueuse de l'individu mais surtout, superbement intelligente.

Chacun de nous, en son for intérieur, dirigeant d'entreprise, directeur des ressources humaines, etc., cadre, salarié, sait par expérience que la résistance au changement n'a rien d'une vue de l'esprit. D'ailleurs n'a-t-il pas été nécessaire de créer la notion de *conduite du changement* pour tenter de lever obstacles et autres blocages ? Inutile d'évoquer les grands processus de transformation de l'entreprise. Des exemples modestes, prosaïques, démontrent à quel point la transformation (de soi, des organisations) reste un art difficile : nous ne pratiquons pas l'activité physique dont nous savons pourtant avoir besoin. Comme nous sommes prompts à disserter sur les bienfaits du sport et lents à enfiler un maillot ! De même, par procrastination, nous omettons de nous placer régulièrement en *écoute active* (un des morceaux de bravoure du « néo-management ») pour améliorer la qualité relationnelle des échanges avec tel ou tel collaborateur, partenaire, client. Mais, là encore, nous sommes intarissables lorsqu'il s'agit d'expliquer à quel point favoriser un climat d'écoute au sein des équipes est profitable (à tous les sens du terme).

Ces quelques observations ne doivent conduire ni au relativisme ni à la tentation (très forte aujourd'hui) de jeter le bébé du développement de la personne avec l'eau des méthodes dont, par déficit de réflexion, on a trop attendu. Elles doivent au contraire nous engager, et c'est déjà considérable, sinon dans la voie de la modestie (une vertu bien nécessaire dans une civilisation qui empile crise sur crise depuis plusieurs décennies sans trouver d'issue praticable), du moins dans celle de la *simplicité*. Ne nous y trompons pas cependant : accéder à une telle simplicité est tout sauf... simple ! Elle résulte au contraire d'une trajectoire extraordinairement complexe : conscience de soi sans perte de contact avec les autres, volonté d'éclairer l'expérience étourdissante de l'existence par les lumières de la réflexion, décision de penser *avec* et non plus *contre* sentiments et émotions, désir de construire une authentique éthique de la communication interpersonnelle.

Cette simplicité pourrait bien être le second souffle que recherche avidement le management aujourd'hui. À moins qu'elle n'en soit, qui sait, la dernière chance.

Gilles Prod'homme

Journaliste et sociologue de formation, Gilles Prod'homme a publié une dizaine d'ouvrages consacrés au développement personnel et au management. Passionné de philosophie, il se consacre depuis plusieurs années à l'édition dans ce domaine. Il est notamment l'auteur de *S'affirmer sans s'imposer* (Éditions Dunod), *La Voie des Stoïciens* et *Le Guide du mieux-être* (Éditions Eyrolles).

Sommaire

Remerciements

Nous tenons à remercier les auteurs de nous avoir accompagnés dans cette aventure, d'avoir accepté les contraintes et délais souvent en rédigeant le soir après une journée d'animation en entreprise. Nous les remercions particulièrement pour leur effort de pédagogie et de synthèse : nous savons combien il est difficile d'expliquer simplement et en peu de mots la richesse et la subtilité des outils, modèles et méthodes qu'ils utilisent en formation et en coaching. Nous les remercions pour leurs suggestions qui ont largement contribué à enrichir un projet d'ouvrage déjà ambitieux au départ.

Nous remercions tous ceux qui ont inventé, élaboré, promu et promeuvent encore des outils, modèles et méthodes qui contribuent à améliorer l'efficacité au quotidien des managers.

Nous remercions Anne, Maud, Valérie et les autres responsables formation qui, sans le savoir, nous ont donné l'idée d'écrire cet ouvrage.

Stéphanie Brouard et Fabrice Daverio

Introduction

Au cours de nos différents échanges, entretiens, rendez-vous, plusieurs responsables formation nous ont demandé des éclairages sur les outils, méthodes et modèles qui existent sur le marché. Leurs questions récurrentes tournaient autour de :

- d'où ça vient ?
- à quoi ça sert ?
- quelles sont les différences entre tel et tel autre ?
- comment fait-on pour se former ?
- et enfin, LA question : comment s'assurer que cet outil ne soit pas utilisé à « mauvais » escient ?

Nous avons donc eu l'idée de décrire un certain nombre d'outils, méthodes et modèles de façon aussi factuelle que possible afin que chacun puisse « faire son marché » en connaissance de cause. Il nous est apparu important, afin de n'en favoriser aucun, de les décrire tous de la même façon, avec la même rigueur et la même méthodologie. Afin qu'aucun des auteurs ne soit juge et partie, nous avons sollicité les formateurs habilités et non, par exemple, les concepteurs ou dirigeants des cabinets qui exploitent les licences.

Le choix des 45 outils, méthodes et modèles

Qui sommes-nous pour choisir, pour décider que tel outil a sa place ou non dans cet ouvrage ? Au lieu de répondre à cette question de façon partisane, nous avons sélectionné les outils, méthodes et modèles les plus demandés en entreprises, les plus utilisés par les auteurs, par ailleurs consultants, formateurs et coachs. Parmi les outils, méthodes et modèles, nous retrouvons des « références » qui ont traversé les modes sans avoir pris une ride, des « classiques » dont trop souvent seuls les noms sont connus et des « nouveaux » qui ont fait l'objet d'études rigoureuses pour répondre à des besoins concrets en entreprises. Maintenant il y a des familles d'outils, des courants, de nouvelles approches qui s'inspirent de plus anciennes sans pour autant les imiter : nous avons pris le parti, dans un souci de pédagogie et de facilité de lecture, de les présenter au même niveau. Vous trouverez donc, par exemple, dans cet ouvrage le triangle de Karpman et l'Analyse transactionnelle - dont le premier est issu - présentés de la même façon. Il en va de même pour le Méta modèle et la Programmation neuro-linguistique, l'Approche orientée solutions et la Systémique...

Pour ces mêmes raisons, nous avons pris le parti de présenter au même niveau des modèles plus théoriques comme le management situationnel et des outils plus pragmatiques comme la Process Com®.

Le but de cet ouvrage

Chaque chapitre a pour but de donner une idée claire de l'intérêt d'un outil, d'une méthode ou d'un modèle et de donner suffisamment d'informations pour permettre d'aller plus loin.

Les outils, méthodes et modèles sont présentés dans le cœur du livre par ordre alphabétique. Chaque chapitre est indépendant des autres : nous avons conçu cet ouvrage de sorte que l'on puisse découvrir chacun des chapitres au gré des envies ou besoins sans qu'il soit nécessaire de lire les autres.

Au début de ce livre, vous trouverez des tableaux récapitulatifs classant les outils, méthodes et modèles par :

- utilité;
- coût;
- temps d'appropriation;
- difficulté d'appropriation.

Classement thématique

Les outils, méthodes, modèles par utilité

Page

Mieux se connaître

Améliorer sa relation à l'autre

Manager et motiver les personnes et les équipes

Recrutement / Mobilité

Communiquer

Accompagner le changement

Résoudre les conflits

Mener des entretiens efficaces

Favoriser la cohésion de l'équipe

Développer la créativité

Leadership et performance

Stress-Émotion

Résolution de problèmes

Développer l'estime de soi

Les outils, méthodes, modèles par coût, temps et facilité d'appropriation

Outil/Modèle	Coût	Temps d'appropriation	Difficulté d'appropriation
1. L'Approche Orientée Solution (**AOS**)	🪙🪙🪙	⌛⌛	💡💡
2. La méthode **Arc-en-Ciel©®**	🪙🪙	⌛	💡
3. L'Analyse Transactionnelle (AT)	🪙🪙	⌛⌛	💡💡
4. **Belbin**® - Les rôles en équipe	🪙🪙	⌛	💡
5. La grille de **Blake et Mouton**	🪙	⌛	💡
6. HBDI™ - Cerveau Droit et cerveau Gauche	🪙🪙	⌛	💡
7. Centre de Gravité Professionnelle (CGP)	🪙	⌛	💡
8. Les 6 **chapeaux**	🪙🪙🪙	⌛⌛	💡💡
9. La Communication non violente (CNV)	🪙🪙🪙	⌛⌛⌛	💡💡
10. Le Creative Problem Solving (CPS)	🪙🪙🪙	⌛⌛	💡
11. **Cultural Detective** ®	🪙🪙🪙	⌛⌛	💡
12. Le **DISC**	🪙🪙	⌛	💡
13. Méthode Schutz - L'**élément humain** ®	🪙🪙🪙	⌛⌛⌛	💡💡💡
14. L'**Ennéagramme**	🪙🪙🪙	⌛⌛	💡
15. **La** méthode **ESPERE** ®	🪙🪙🪙	⌛⌛	💡
16. Le feedback ou rétroaction	🪙🪙🪙	⌛⌛⌛	💡
17. La **Gestalt**	🪙🪙🪙	⌛⌛	💡💡💡
18. Le **Golden**®	🪙🪙	⌛	💡💡
19. Le management situationnel selon **Hersey Blanchard**	🪙	⌛	💡

Outil/Modèle	**Coût**	**Temps d'appropriation**	**Difficulté d'appropriation**
20. Les facteurs de motivation de **Herzberg**	🪙	⌛	💡
21. La roue de **Hudson**	🪙🪙🪙	⌛	💡
22. **L'Hypnose** Ericksonnienne	🪙🪙🪙	⌛⌛	💡💡
23. La Signature **i-Lead**™	🪙🪙🪙	⌛	💡💡
24. ACE 360°- l'**intelligence émotionnelle**	🪙🪙	⌛⌛	💡
25. Le bilan **InterQualia**®	🪙🪙	⌛	💡💡
26. Le triangle de **Karpman**	🪙	⌛	💡
27. 360° **Management – L'Evaluation Progrès Permanent**	🪙🪙🪙	⌛⌛⌛	💡
28. **Map'Up**®	🪙🪙	⌛⌛	💡💡
29. La pyramide de **Maslow**	🪙	⌛	💡
30. Le **MBTI** ®	🪙🪙	⌛	💡💡
31. Théories X et Y de **McGregor**	🪙	⌛	💡
32. Le **Méta modèle**	🪙	⌛⌛	💡💡
33. Les **niveaux logiques** de Dilts	🪙🪙🪙	⌛⌛	💡💡
34. Le modèle de **Palo Alto**	🪙🪙🪙	⌛⌛⌛	💡💡💡
35. La Programmation neuro-linguistique (PNL)	🪙🪙🪙	⌛⌛⌛	💡💡💡
36. La **Process Com** ®	🪙🪙	⌛⌛	💡💡
37. Les notions de **réalités**	🪙🪙🪙	⌛⌛	💡
38. Le **SCORE**	🪙	⌛	💡
39. La grille **socio-dynamique**	🪙🪙🪙	⌛⌛	💡
40. La **Stratégie du Dauphin**™	🪙🪙🪙	⌛⌛	💡💡
41. Les **styles sociaux**	🪙🪙	⌛	💡
42. La **systémique**	🪙🪙🪙	⌛⌛⌛	💡💡💡
43. Team Management System (**TMS**)	🪙🪙	⌛⌛	💡
44. Théorie Organisationnelle de Berne (TOB)	🪙🪙🪙	⌛⌛⌛	💡💡💡
45. La théorie de l'expectation de **Vroom**	🪙	⌛	💡

L'APPROCHE ORIENTÉE SOLUTIONS (AOS)

Manager et motiver les personnes et les équipes
Accompagner le changement
Résolution de problèmes

Par Francis COLNOT
Formateur en communication/management/développement personnel.
Coach de dirigeants et d'équipes.
Cabinet Atout Coach

Historique et auteurs

L'AOS est issue des travaux de l'école de Palo Alto aux États-Unis, notamment dans le domaine de la systémique, et des recherches de Steve de Shazer et W. O'Hanlon au BFTC de Milwaukee.

Descriptif de l'Approche orientée solutions

Ces techniques d'entretien s'opposent à la croyance selon laquelle la résolution d'un problème dépend surtout de son analyse et/ou du traitement de ses causes. Sous cet angle, dans les systèmes complexes, la recherche des racines du problème est une perte de temps. Pour le résoudre, mieux vaut en rechercher les solutions, mais aussi les exceptions, c'est-à-dire les moments où il n'existe pas. Il s'agit d'encourager l'individu à envisager l'avenir, le regard non pas focalisé sur le problème, mais sur les multiples perspectives de solutions inattendues qu'il peut trouver en lui. C'est par le biais du langage, du dialogue et de la créativité que l'individu peut découvrir, favoriser puis maintenir le changement. C'est par l'acquisition de nouvelles perceptions et de nouveaux comportements qu'il peut construire et pérenniser son autonomie. Les ressources sont dans l'individu lui-même.

L'Approche orientée solutions postule que :

- les individus font toujours les meilleurs choix possibles en fonction de leurs informations, de leurs projets, de leurs besoins et de leurs expériences ;

- il ya toujours différentes manières de comprendre un comportement et il existe plusieurs sens à une action;
- toute action résulte d'une coconstruction impliquant d'autres personnes;
- quand bien même un individu n'est pas responsable de ce qui lui arrive, il l'est de la manière dont il y répond et dont il s'engage dans l'action;
- c'est en changeant soi-même que l'on peut inviter les autres à changer, non en les y obligeant.

Les 3 principes de l'AOS :

- si ce n'est pas « cassé », il ne faut pas réparer;
- si ça marche, continuez;
- si ça ne marche pas, faites autre chose.

Les techniques utilisées par l'AOS

Le questionnement circulaire

Dans cette approche systémique, les questions portent davantage sur les relations (interactions) que sur les personnes. L'intérêt porte sur les réactions des uns face aux comportements des autres et vice versa à l'intérieur du système, juste avant ou juste après l'émergence du problème (comportement-problème) de l'individu notamment. Les questions, réponses, commentaires, exemples, digressions, etc., permettent d'aboutir à une vision globale systémique.

La définition spécifique de l'objectif

Il doit notamment :

- être important pour la personne;
- définir un début plutôt qu'une fin;
- identifier la présence de quelque chose plutôt que son absence;
- être concret en termes de comportements plutôt que de ressenti;
- être contextualisé (où ? quand ? avec qui ?);
- être accessible (petit);
- être réalisable plutôt que réaliste et accessible dans le contexte de la personne.

Le compliment

- Il n'est pas un jugement de valeur ni un bon point.
- Il met en valeur une ressource, une qualité de la personne.
- Il met en valeur ce qui est à souligner, même dans la pire des histoires.

Les exceptions

Un moment d'exception est un moment de solution.

- Les moments où le problème n'est pas présent.
- Les moments où il est de moindre importance.
- Le moment où il s'est interrompu prématurément.
- Les moments où il n'est pas survenu alors « qu'il aurait dû ».
- Les changements observés entre la prise de rendez-vous et la première séance.

Les échelles d'évaluation (de 0 à 10)

Elles concrétisent des points de vue subjectifs.

- Les échelles de progrès (évaluation de la situation).
- Les échelles d'espoir (confiance en soi).
- Les échelles de motivation (attendre ou être prêt à...).
- Les échelles relationnelles (évaluation subjective de la qualité de la relation).

La question miracle

- Elle a pour objectif d'aider la personne à se représenter concrètement la résolution de la situation jusqu'alors problématique.
- Elle permet une suggestion à imaginer la situation débarrassée du problème.
- Elle crée une situation paradoxale : la personne n'a plus le problème, mais elle ne le sait pas;
- Elle fait une description d'un moment qu'elle vit sans le problème;
- Elle découvre que le miracle s'est déjà produit sans qu'elle s'en soit aperçue, etc.

Le recadrage

C'est un changement de sens par rapport à l'objet (problème) donné.

- Recadrage de contexte : il s'agit de percevoir dans quels autres contextes le comportement problématique peut avoir une utilité et/ou un sens positif.
- Recadrage de sens : il s'agit d'élargir le cadre de référence de la personne, d'intégrer des éléments *a priori* contradictoires.

L'externalisation

Séparer le problème de la personne qui a tendance à s'identifier à lui.

La prescription de tâches (prescription paradoxale)

Transformer un comportement involontaire en comportement volontaire.

« Si je peux le faire, alors je peux le défaire. »

Applications possibles

L'Approche orientée solutions trouve des applications en coaching, thérapie, développement personnel et management.

Dans son rôle et sa fonction, le manager utilise ce type d'approche de manière à appréhender de nouvelles stratégies opérationnelles dans l'exercice de son métier avec ses équipes (communication, motivation, résolution de problèmes).

Apports et limites

L'AOS est un processus dynamique qui vise à mettre en valeur les qualités, la créativité de la (des) personne(s) et à favoriser son (leur) appropriation des résultats positifs obtenus. L'AOS n'est pas un *ersatz* au management en tant que tel, mais permet d'enrichir sa pratique managériale, notamment face à la complexité.

Les conseils de l'expert

L'utilisation de cette approche nécessite un apprentissage rigoureux et une intégration solide non seulement de la technique, mais aussi et surtout de la relation à l'autre, en termes d'écoute et plus généralement de posture.

« Comment ça marche »

C'est par le biais d'une formation à la fois théorique et pratique à cette approche que le manager apprendra à l'intégrer dans son champ professionnel. C'est aussi par l'expérience d'un coaching, en tant que coaché, que le manager découvrira la pertinence de l'AOS.

Témoignage

« L'approche orientée solutions m'a réellement permis, dans l'accompagnement de mes équipes, de trouver des stratégies nouvelles aussi bien dans mon management que dans ma communication. Plutôt que de me décourager face à des problèmes parfois récurrents, j'ai pu non seulement apprendre de mes erreurs mais aussi valoriser mes collaborateurs et recréer une véritable dynamique d'équipe. Par-dessus tout aujourd'hui, je me sens libre d'explorer des possibilités nouvelles, de découvrir des choix originaux, de décider d'options inédites qui me permettent, autant que faire se peut, de franchir les obstacles » (Pierre B., dirigeant dans la grande distribution).

Repères bibliographiques

Balta François, Lainé Catherine, Müller Jean-Louis et Roy Étienne, *Le Manager orienté solutions*, ESF, 2005.

De Shazer Steve, *Les Mots étaient à l'origine magiques*, Éditions Satas, 1985.

Cabie Marie-christine, Isebaert Luc , *Pour une thérapie brève*, Érès, 2003.

de Shazer Steve, Kim Berg Insoo, Dolan Yvonne , *Récits de solutions*, Édisem, 2002.

Korybski Alfred, *Une carte n'est pas le territoire*, L'Éclat, 1998.

2

LA MÉTHODE ARC-EN-CIEL©®

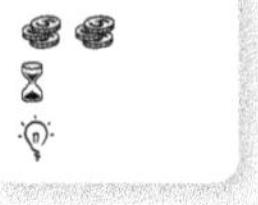

Mieux se connaître
Manager et motiver les personnes et les équipes
Recrutement, mobilité
Communiquer
Leadership et performance

Par Éric de AMORIN

Informaticien et musicien, il est aussi consultant, coach, et formateur en développement personnel et en management. Il est certifié à la Méthode des Couleurs Arc-en-Ciel©®.

Historique et auteur

Patrice Fabart se décrit lui-même comme autant passionné par la réalité de l'entreprise (il a exercé des fonctions commerciales et managériales dans différents grands groupes) que par l'étude des dynamismes psychologiques qui conditionnent l'action individuelle et collective. C'est pour réconcilier ses deux composantes qu'il a créé la Méthode des Couleurs Arc-en-Ciel©® qui a été nominée à la Nuit de la formation professionnelle 2009 et qui est distribuée par la société Arc-en-Ciel RH qu'il dirige. Il a auparavant introduit et distribué en France durant sept ans la Méthode Insights qu'il avait enrichie de ses développements propres et dont il s'est dissocié en 2004 pour créer sa propre méthode.

La Méthode des Couleurs Arc-en-Ciel©® synthétise les travaux de Carl Jung[1] sur les types psychologiques et la théorie DISC de William Marston (*cf.* page 55) conjointement à une recherche sur les comportements associés aux couleurs : la Méthode des Couleurs, qui constitue un ancrage solide et durable tout en favorisant une appropriation

1. Carl Gustav Jung, médecin, psychiatre, psychologue et essayiste suisse (1875-1961) est le fondateur du courant de la psychologie analytique dans la continuité puis en rupture avec Freud. Ses travaux notamment sur les archétypes ont inspiré de nombreuses approches comportementales du xxe siècle.

ludique et conviviale. Elle intègre également les travaux d'Eduard Spranger sur les valeurs et propose une articulation avec d'autres approches pédagogiques, psychologiques ou philosophiques (Analyse transactionnelle, PNL, Sémantique générale de Korzybsky, philosophie grecque antique, Méthode Chamming's...).

Description de la Méthode Arc-en-Ciel©®

La Méthode des Couleurs Arc-en-Ciel©® propose un modèle en quatre étapes pour développer les personnes dans leurs fonctions en vue d'une efficacité optimale.

- première étape : mieux se connaître dans ses forces et faiblesses en tant que personne et dans sa fonction professionnelle;
- deuxième étape : s'assouplir et se développer tout en respectant ses limites;
- troisième étape : mieux reconnaître les autres (collaborateurs, collègues, managers) dans leurs forces et faiblesses en tant que personne et dans leur fonction professionnelle;
- quatrième étape : intégrer et prendre en compte la situation.

► Voir la figure de la page 1 du cahier central couleur.

Cette méthode s'appuie sur le questionnaire originel DISC de la société Cleaver Company – qui l'a créé et diffusé à des millions d'exemplaires dans le monde depuis trente ans – et est fondée sur le Profil Arc-en-Ciel, d'une personne ou d'une équipe en relation avec une ou plusieurs fonctions. Ce Profil résulte de ce questionnaire complété dont il traduit les résultats en informations exhaustives rédigées ou représentées sous forme graphique.

On retrouve donc dans ce profil tous les fondements de la théorie DISC (*cf.* page 55) rendue plus conviviale par le fait que les quatre composantes (Dominance, Influence, Stabilité et Conformité) sont remplacées par quatre couleurs de base, Rouge, Jaune, Vert et Bleu reprises dans l'ordre de l'Arc-en-Ciel (d'où le nom de la méthode).

On retrouve aussi dans le profil Arc-en-Ciel, en articulation avec la théorie DISC, les fondements de la théorie de Jung exposée en 1921 dans son ouvrage *Les Types psychologiques* décrivant huit typologies issues du croisement des Fonctions (Pensée-Sentiment et Sensation-Intuition) et des Attitudes (Extravertie-Introvertie) synthétisées dans une Roue des Couleurs reprenant le concept de polarité de Jung (opposition des contraires) qui lui ajoutent de la profondeur.

► Voir la figure de la page 2 du cahier central couleur.

On y retrouve enfin les six valeurs décrites par Eduard Spranger dans son ouvrage *Type of Men* écrit en 1928 : Cognitive - Esthétique, Matérialiste - Altruiste, Individualiste - Traditionnelle.

Elles correspondent aux grandes Valeurs de base reconnues par toute philosophie : la Vérité, la Beauté, l'Utilité, l'Amour, la Puissance et l'Unité.

Ces six Valeurs sont analysées dans chaque Profil, de la même façon que les Couleurs, selon leur degré d'intensité pour chacune d'entre elles et en relation chacune avec les autres.

Ces Valeurs nuancent les Couleurs et donnent une dimension encore plus large et globale au Profil Arc-en-Ciel.

Applications possibles

- Management des personnes et des équipes.
- Vente.
- Coaching.
- Ressources Humaines (mobilité interne, recrutement).
- Développement professionnel et personnel.
- Accompagnement du changement.

Le Profil Arc-en-Ciel constitue un solide outil de management de soi-même, d'autrui et des situations : Caractéristiques générales - Votre Opposé - Caractéristiques particulières - Talents pour l'entreprise - Environnement optimal - Comment mieux communiquer - À éviter pour bien communiquer - Perception de soi et regard des autres - Dynamique Naturel/Adapté - Clés de la motivation - Clés du management - Domaine d'amélioration - Exercice de la vente - Exercice du management - Indicateurs spécifiques - Positionnement sur la Roue Arc-en-Ciel.

Un Profil de poste permet également de représenter une fonction et d'analyser l'adéquation entre celle-ci et une personne.

Un Profil d'équipe permet aussi d'analyser celle-ci en fonction des membres qui la composent en termes d'homogénéité et d'hétérogénéité.

Le Profil Arc-en-Ciel constitue ainsi :

- un outil de développement professionnel et personnel pertinent et personnalisé ;
- un « accélérateur de communication » permettant de comprendre directement et rapidement les bases de la communication et ses clés de succès ou de difficultés ;
- un puissant levier de motivation car il concerne chaque personne dans son unicité parmi des milliers de possibilités.

Apports et limites

Les applications de la Méthode Arc-en-Ciel©® sont multiples et variées et facilement assimilables. Cependant, du fait de son utilisation conviviale, ludique, opérationnelle et aisément appropriable, l'utilisation pédagogique de couleurs par d'autres méthodes différentes s'est peu à peu développée dans les entreprises, entraînant malheureusement parfois un simplisme caricatural.

La diversité des références de la Méthode Arc-en-Ciel©® et ses applications particulièrement nuancées minimise considérablement ce risque sans toutefois l'exclure. Comme le dit Patrice Fabart, elle constitue la moitié dans le résultat qu'elle apporte, l'autre moitié étant apportée par la plus-value du consultant qui l'utilise.

Les Profils personnels Arc-en-Ciel, issus des réponses au questionnaire DISC, sont donc indissociables d'une restitution personnalisée orale qui permet de nuancer cette approche afin de favoriser une appropriation optimale.

Les conseils de l'expert

Bien vérifier les sources de la méthode car il peut y avoir une confusion avec d'autres méthodes apparemment similaires mais qui sont, en fait, très différentes par leurs références et leurs fonctionnalités.

« Comment ça marche »

La Méthode Arc-en-Ciel©® est fondée sur le Profil Arc-en-Ciel qui est obtenu en complétant un questionnaire simple et facile d'accès en quelques minutes.

Témoignage

« Nous avons mis en place un parcours de formation au management pour un public de cadres. J'étais, au début, un peu sceptique car j'avais peur que cette méthode soit simpliste. Le formateur qui l'a animée m'a très vite rassurée sur la profondeur de cette approche par son attitude et discours très nuancés. Les résultats ont finalement été bien au-delà de ce que je pouvais espérer. Les managers ont même demandé que cette méthode soit prolongée avec leurs équipes et le seul réel problème que j'ai rencontré a été celui du budget car la demande s'est de plus en plus amplifiée à la mesure de la satisfaction du bouche à oreille » (Catherine, DRH).

Repères bibliographiques

Fabart Patrice, *Révélez le manager qui est en vous !*, Éditions Management & Société (EMS), coll. « Pratiques d'entreprises », 2008.

Jacobi Jolande, *La Psychologie de C.G. Jung* (1928), Delachaux et Niestlé, 1950.

Jung Carl Gustav, *Les Types psychologiques* (1921), Genève, Georg et Cie, 1991.

Marston William M., *Emotions of Normal People* (1928), International Library of Psychology – Routledge, 2000.

Spranger Eduard, *Types of Men*, Max Niemeyer Verlag, 1928.

L'ANALYSE TRANSACTIONNELLE (AT)

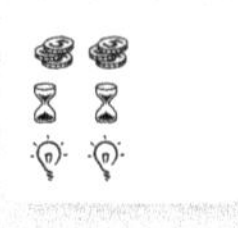

Mieux se connaître
Améliorer sa relation à l'autre
Communiquer
Résoudre les conflits
Stress, émotion

Laurence MORYOUSSEF
Cabinet Manadoxe.
Coach et intervenante en résolution de problèmes humains en entreprises

Historique et auteur

Eric Berne, médecin et psychiatre américain (1910-1970), conçoit l'Analyse transactionnelle à la fin des années 1950, à partir de sa propre pratique de la psychanalyse, dont il se démarque progressivement. Cette théorie psychologique se veut simple, concrète et accessible. Elle repose sur le parti pris suivant : toute personne a de la valeur et est capable de penser par elle-même, de comprendre ses problèmes, de les résoudre, et de prendre de nouvelles décisions pour cheminer vers l'autonomie.

L'Analyse transactionnelle est à la fois une théorie de la personnalité (avec une forte dimension intrapsychique) et un modèle de la communication. Elle peut être utile au développement personnel et servir d'outil de diagnostic et d'analyse des relations interpersonnelles et des structures humaines.

Description de l'Analyse transactionnelle

Initialement pensé par Eric Berne, ce modèle a été par la suite enrichi par beaucoup d'autres analystes transactionnels. Il s'articule ainsi autour de différents concepts tous en lien les uns avec les autres, avec deux notions centrales : le scénario et le contrat. Le modèle permet à un analyste transactionnel d'aborder une même problématique par différents concepts, notamment pour modifier un comportement.

Applications possibles

Les concepts de l'Analyse transactionnelle, développés par Eric Berne, ses collègues et ses successeurs, contribuent à éclairer des situations quotidiennes de management.

Le scénario est un plan de vie qui se dessine dès la toute petite enfance, qui influe sur nos décisions et nous entraîne vers des schémas répétitifs (répétitions de comportements et attitudes qui confirment des croyances très anciennes). Les scénarios se classent selon leur contenu : perdant (une vie faite de beaucoup d'échecs et de souffrances), banal (une existence sans peine, sans gloire et ennuyeuse), gagnant (la personne transforme ses échecs en amis et fait de ses triomphes ses amants). Il faut sans doute toute une vie pour comprendre et traverser harmonieusement son scénario.

Le contrat est indispensable pour avoir un cadre de référence commun avec les collaborateurs, et donc une communication claire. Quand un manager confie des missions ou fixe des objectifs à un collaborateur, parlent-ils tous les deux de la même chose ? En termes de résultats, de moyens, d'attentes réciproques, d'engagement... : rien n'est moins sûr. Un contrat est toujours bienvenu. Lorsqu'une entreprise embauche une personne, la lettre de mission et la fiche de poste précisent le contrat explicite. Reste le contrat implicite : les règles du jeu, les attitudes et comportements souhaités, les coutumes... Ce contrat implicite est attendu mais rarement expliqué.

Le signe de reconnaissance est une manifestation verbale ou non verbale, conditionnelle ou inconditionnelle, positive ou négative, d'un être humain vers un autre être humain qui le reconnaît comme tel, ou bien d'un être humain vers lui-même. Ce concept peut se révéler très utile pour le management : un collaborateur privé de signes de reconnaissance préférera obtenir des signes de reconnaissance négatifs, comme des reproches plutôt que de continuer à subir l'indifférence de son chef ou de ses collègues. C'est souvent vrai pour les experts que leur hiérarchie juge tellement compétents qu'elle en oublie de les féliciter.

La position de vie sociale : croyance fondamentale que chacun a sur sa propre valeur comparée à celle des autres. Si un manager reste attentif à se vivre comme un individu qui a de la valeur et à positionner ses collaborateurs, comme des personnes qui en ont aussi, il sera dans une meilleure posture pour émettre des critiques positives ou négatives ou sortir de conflits.

Les états du moi fonctionnels : ce sont trois ensembles cohérents de comportements, émotions et pensées. Schématiquement, il s'agit de trois types d'énergie dans lesquels nous nous trouvons à l'instant où nous communiquons, soit avec nous-mêmes, soit avec autrui.

L'état du moi Parent – normatif ou nourricier, persécuteur ou sauveteur – mobilise des attitudes et des croyances transmises par nos figures d'autorité. Il met de façon constructive ou destructrice notre expérience de vie au service de nous-mêmes ou de l'autre.

L'état du moi Adulte mobilise une appréhension factuelle des informations données dans l'ici et maintenant.

L'état du moi Enfant – libre, adapté soumis ou adapté rebelle – mobilise l'intuition, les sensations et la spontanéité.

Être capable de naviguer volontairement dans nos états du moi optimise notre communication et peut faciliter la résolution de problèmes. Contrairement à une idée reçue, l'Analyse transactionnelle ne prône par le recours permanent à l'état du moi Adulte : nous ne sommes pas des robots. En revanche, mobiliser à la fois l'Adulte, le Parent nourricier et normatif et l'Enfant Libre permet de s'approcher de l'idéal d'autonomie.

Ainsi, lors d'un seul et même entretien avec un collaborateur, l'utilisation de l'état du moi Adulte pour donner un objectif assure la compréhension factuelle de ce qui est attendu, l'explication à partir de l'état du moi Parent peut donner le sens et l'intérêt de l'objectif, enfin le recours à l'état du moi Enfant peut mobiliser la créativité pour l'atteindre.

Une transaction est un élément de discours qu'on isole et qui est formé d'un stimulus et d'une réponse entre un individu et un autre. Elle peut être verbale ou non verbale. C'est donc une unité de communication qui part d'un état du moi de la personne émetteur vers un état du moi de la personne récepteur. Les transactions peuvent être simples, croisées ou à double fond : simples si l'état du moi recherché répond, croisées si ce n'est pas le cas, à double fond si deux messages sont émis en même temps. Exemple : le message apparent : « Qui s'occupe du dossier Durand?» cache un autre message : «J'aurais bien aimé m'occuper du dossier Durand, mais je n'ose pas le demander parce que je suis le dernier embauché.»

Le diagnostic des transactions (état du moi émetteur ou récepteur, état du moi visé) est un outil majeur de l'Analyse transactionnelle, utile pour soi et dans sa relation à l'autre. Ainsi, repérer si un collaborateur interpelle notre état du moi Parent nous indique qu'il y a une forte probabilité qu'il émette des messages à partir de son état du moi Enfant. On peut alors faire un certain nombre d'hypothèses sur sa posture interne, sa façon de communiquer ainsi que sur la nôtre. Apprendre à croiser les transactions nous permet de conduire nos interlocuteurs à varier leurs propres registres de communication et donc à modifier la dynamique de l'échange.

Les jeux psychologiques sont une série d'échanges qui se finissent toujours de façon négative pour les protagonistes du jeu; ils sont à la fois prévisibles et pourtant toujours générateurs d'un sentiment de stupeur pour chacun. Ils sont techniquement le résultat d'une série de transactions à double fond. Ils constituent le siège de stratégies relationnelles inconscientes apprises depuis la petite enfance. Ils créent de l'inconfort et pourtant nous avons tous de très bonnes raisons de jouer; les jeux sont stimulants, permettent de recevoir des signes de reconnaissance même s'ils sont négatifs, rendent la relation et l'autre prévisibles. Les jeux peuvent être classés selon la position qu'on y joue : celle d'une victime, d'un persécuteur ou d'un sauveur (*cf.* le triangle de Karpman, page 120).

Les jeux peuplent notre quotidien professionnel. Tenter de repérer nos jeux préférés et ceux auxquels jouent les collaborateurs peut faire économiser beaucoup d'énergie et de temps. D'autant qu'un jeu se joue toujours à plusieurs : soit nous avons initié le jeu en lançant un appât, soit nous avons mordu à l'hameçon. La meilleure façon de sortir d'un jeu? Ne pas y entrer.

Quelques jeux classiques :

- «Oui mais» : le collaborateur expose une difficulté mais rejette toutes les propositions de solution du manager par une attitude qui dit en substance : «C'est possible, mais en fait ça ne marchera pas...»;

- « Sans toi » (sans lui, sans elle) : le chef de service lorsqu'il prétend que si son patron n'était pas tel qu'il est, il pourrait réaliser ses objectifs ;
- « Regarde ce que tu m'as fait faire » : le patron lorsqu'il accepte les suggestions d'un jeune cadre, mais lui fait porter la responsabilité d'un résultat insatisfaisant ;
- « Cadre débordé » : la personne (ou peut-être nous) qui accepte toutes les sollicitations de ses collaborateurs jusqu'à craquer.

Le sentiment parasite est une émotion de remplacement qui prend le pas sur une autre émotion que nous n'arrivons pas à ressentir ou à exprimer. Ce parasitage, hérité de vieux réflexes, influe directement sur notre communication et crée des malentendus. Exemples : les larmes qui montent en lieu et place d'une saine colère contre le manager ; le coup d'éclat et d'énervement de qui a peur d'échouer ; l'expression exubérante de la joie d'être promu du jeune cadre pétrifié à l'idée de ne pas être à la hauteur.

Les timbres sont des sentiments négatifs ou positifs ressentis et non exprimés aux personnes qui les ont suscités. Les timbres sont collectionnés et font l'objet d'un échange ultérieur contre un « cadeau » (en référence aux timbres fidélité des commerçants du siècle dernier). Il s'agit concrètement d'une expression émotionnelle visiblement disproportionnée par rapport à la situation actuelle, ou adressée à la mauvaise personne. Dans sa forme la plus extrême, c'est le manager qui jette sa démission pour une broutille parce qu'il a trop accumulé de frustrations ou vexations silencieuses. Pour éviter de « rendre » ainsi une collection de timbres, il est préférable de décoller un timbre ; autrement dit d'exprimer ses ressentis au fur et à mesure au lieu de les accumuler.

La symbiose fonctionne comme un « deal » de prise en charge passé inconsciemment entre une personne et une autre. Exemple : le jeune manager qui fait trop souvent à la place de son collaborateur afin de confirmer ses propres compétences. Cette symbiose peut avoir du sens si le collaborateur est débutant. Elle pose problème lorsqu'elle empêche le collaborateur de progresser.

Les comportements passifs représentent des modes opératoires qui empêchent de régler un problème. Ils sont liés à la symbiose : soit nous y avons recours parce que nous sommes en symbiose avec l'autre, soit c'est une façon pour nous de retourner en symbiose, donc d'être pris en charge par autrui ou par la société. Il existe quatre formes possibles de passivité :

- l'inhibition ou l'abstention : face à un problème, ne rien faire, éviter, reporter ou pratiquer la politique de l'autruche;
- la suradaptation : agir en fonction de ce que nous pensons qu'on attend de nous plutôt qu'en fonction de nos propres besoins et projets, sans vérifier ce que l'autre a en tête;
- l'agitation : nous multiplions les activités dans tous les sens plutôt que de nous centrer sur ce qui pourrait résoudre le problème;
- la violence ou l'incapacitation : le manager qui devient agressif au lieu d'envisager des solutions avec ses collègues ou le collaborateur qui se rend malade afin de ne plus venir travailler.

La structuration du temps : à quoi passons-nous nos journées ? Ce concept ne parle pas de la gestion du temps mais de nous, de notre relation à l'autre et de la dose de signes de reconnaissance que nous pouvons recevoir. L'Analyse transactionnelle distingue six modes de structuration du temps, allant du retrait – dose la plus faible de signes de reconnaissance – aux jeux psychologiques et à l'intimité – dose la plus forte :

- le retrait : la personne, centrée sur elle, a peu de liens avec les autres;
- le rituel : les échanges se limitent à quelques transactions banales : « Bonjour, ça va ? »;
- le passe-temps : les échanges portent sur des sujets anecdotiques, dépourvus d'implication. Le temps, le sport, les vacances, la télé, le code vestimentaire de l'entreprise, l'histoire de la boîte, les surnoms des uns et des autres, etc.;
- l'activité : les échanges ou actions menées sont centrés sur un objectif clair et identifié. Discuter d'un projet ou faire un compte rendu;
- les jeux psychologiques : en entreprise, ils prennent entre autres la forme de jeux de pouvoir;
- l'intimité : un lien authentique avec autrui. Ces moments où, en présentation clientèle, deux collègues se comprennent au quart de tour, où l'échange de regards entre deux collègues dit leur accord...

Ce concept de structuration du temps est précieux pour comprendre qu'une intégration réussie dans une équipe, un groupe, une société passe aussi par le fait de discuter de la pluie et du beau temps ou de faire partie des jeux de pouvoir. Autrement dit : il n'y a pas que le boulot au travail. Il y a aussi les collègues et les couloirs. Et c'est tout aussi important pour être efficace.

Apports et limites

En s'intéressant à l'individu seul, l'individu en relation avec l'autre, l'individu avec le groupe et l'individu dans l'organisation (*cf.* « TOB », page 207), l'Analyse transactionnelle peut constituer une réelle boussole de navigation dans l'environnement professionnel pour soi, son management et ses relations aux autres. Même si l'Analyse transactionnelle souffre d'une image parfois dépassée et que certains pensent qu'elle a peu évolué ces dernières années, elle reste d'actualité. Toutefois, certaines notions peuvent manquer d'opérationnalité : ce n'est pas parce qu'on a compris le principe des jeux psychologiques, qu'on arrive pour autant à sortir d'un jeu... En outre, certains concepts dans leur définition ou leur application peuvent être interprétés de façon normative, ce qui va à l'encontre des fondements mêmes de cette pensée.

Les conseils de l'expert

Le piège majeur de l'Analyse transactionnelle réside dans un glissement facile entre simplicité et simplification. Nombreuses sont les personnes (auteurs, praticiens et apprentis sorciers) qui ont pris des raccourcis avec ce modèle, dénaturant ainsi ses intentions et son efficacité. La littérature sur le sujet ou dans sa continuité est importante et il est nécessaire de faire le tri. Le plus efficace est de retourner aux sources.

L'utilisation de certains outils est bien plus subtile qu'il y paraît au premier abord, il faut du temps pour se les approprier pleinement, et encore plus de temps pour en faire un levier de changement. Ce modèle, comme le dit son père fondateur, ne résout pas tout.

« Comment ça Marche »

La formation de base pour découvrir l'Analyse transactionnelle est le 101. L'Ifat (Institut français d'Analyse transactionnelle) est une association qui a pour objectifs de garantir la qualité de formation et de promouvoir l'Analyse transactionnelle en France. Vous trouverez sur le site www.ifat.net des références en matière de formation et d'ouvrages.

Témoignage

« Depuis que j'ai pris l'habitude de ne pas me contenter des entretiens formels pour donner des informations à mes collaborateurs sur ce que je pense de leur contribution, ils sont plus proactifs et je peux compter sur leur franchise pour me donner leur avis sur tel ou tel sujet » (Jean G., directeur financier).

Repères bibliographiques

Berne Eric, *Que dites-vous après avoir dit bonjour ?*, Éditions Tchou, 1977.

Moïso Carlo et Novellino Michelle, *Retour aux sources*, Éditions d'Analyse transactionnelle, 2004.

4

BELBIN® - LES RÔLES EN ÉQUIPE

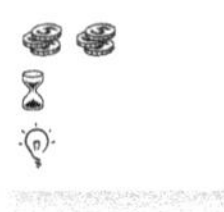

Mieux se connaître
Améliorer sa relation à l'autre
Manager et motiver les personnes et les équipes
Recrutement, mobilité
Favoriser la cohésion de l'équipe

Par Nathalie SCHIPOUNOFF
Consultante formatrice accréditée Belbin

Historique et auteur

Raymond Meredith Belbin, à l'époque directeur de l'Unité de recherches en formation industrielle à Cambridge, s'est consacré en 1967 à l'étude des facteurs de réussite dans la composition des équipes performantes. Il a analysé en situation réelle ou dans le cadre d'un jeu de simulation d'entreprise pourquoi une équipe donnée obtenait de meilleurs résultats qu'une autre. Il a confronté également la productivité d'une équipe à la contribution individuelle de chaque membre *via* une série de tests psychométriques. R. Meredith Belbin est actuellement directeur associé de l'Institut des études sur le management de Cambridge et partenaire de Belbin Associates.

Description de Belbin ®

« Nul n'est parfait, mais une équipe peut l'être. »

Cette méthode - inspirée en grande partie de la systémique (*cf.* page 197) - démontre que la performance collective est supérieure à la somme des performances individuelles.

Elle permet d'identifier l'existence de 9 rôles en équipe qui se structurent sur des constantes de comportement mises en œuvre dans le cadre professionnel par des types de personnalité pourtant très différents.

Ces 9 rôles sont les suivants :

- priseur, concepteur, expert qui sont les 3 rôles axés sur la **réflexion** ;
- organisateur, propulseur, perfectionneur qui sont axés sur l'**action** ;
- promoteur, coordinateur, soutien qui sont quant à eux axés sur la **relation.**

Pour les identifier, la méthode fait appel à de l'autoperception à travers un questionnaire en ligne, mais aussi à de l'évaluation par des observateurs qui sont principalement des professionnels proches de l'interviewé.

Les résultats sont délivrés par le logiciel e-interplace® qui est dédié à la méthode Belbin®, puis débriefés par un consultant accrédité auprès de l'interviewé, l'équipe, la direction ou le département des ressources humaines.

Applications possibles

Belbin® permet de mesurer la performance d'une équipe et la contribution de chaque membre à travers les rôles qui ont été identifiés. Outre l'intégration des fondamentaux du travail en équipe, elle aide à connaître le potentiel d'une équipe, la complémentarité et l'équilibre des rôles. Elle facilite également l'anticipation et la gestion des conflits, l'intégration d'un nouveau membre ou la définition des exigences d'une création de poste.

Le logiciel e-interplace® associé à la méthode Belbin® permet l'édition de différents rapports qui mettent respectivement en lumière :

- les rôles dits « naturels », « possibles » ou « à éviter » à titre individuel (rapport « d'autoévaluation ») ;
- la performance d'une équipe et les pistes d'optimisation à l'aide d'une analyse des risques encourus (« rapport d'équipe ») ;
- les orientations de carrière, les difficultés potentielles et les solutions envisageables (« rapport de conseil ») ;
- l'adéquation du personnel recruté par rapport aux postes à pourvoir (« rapport de poste »).

Apports et limites

Cette méthode aide à révéler et à réguler la performance d'une équipe. Sa vocation n'est pas purement psychométrique. Elle développe la cohésion, l'interdépendance et l'implication de chaque membre dans l'équipe par son approche collective.

Pour identifier les différents rôles joués par un individu en équipe, la méthode Belbin® prend en compte son expérience, son apprentissage, sa personnalité, ses aptitudes intellectuelles, ses valeurs actuelles, ses motivations ou les contraintes auxquelles il est confronté. C'est pourquoi les rôles identifiés ne sont pas figés et peuvent évoluer dans le temps.

Parmi les limites, on notera que la base de données qui sert de référentiel est principalement issue de profils anglo-saxons et peut dater un peu, même si une mise à jour est d'ores et déjà programmée par Belbin France.

Les conseils de l'expert

Il n'y a pas de bon ou de mauvais rôle dans la méthode Belbin®. Il est important avant tout de distinguer dès le départ d'une consultation ce que l'on entend par «l'admissibilité» d'un rôle qui est de l'ordre des critères d'embauche (qualification, expérience, référence...) et par «l'aptitude». Il s'agit alors de critères de performances comme l'adaptabilité, les évaluations ou les rôles compatibles avec ceux d'autres collègues qui vont être analysés grâce à la méthode Belbin®. À ce titre, le rôle d'expert au sens Belbin® doit être particulièrement explicité.

« Comment ça marche »

Chaque membre d'une équipe est invité à répondre en ligne (pendant environ quinze minutes) à un questionnaire d'autoperception sur 7 grandes thématiques où il doit choisir la ou les phrases qui lui correspondent le mieux parmi les 10 propositions qui lui sont faites. Une fois cette sélection réalisée, la personne interviewée doit répartir un total de 10 points parmi les phrases sélectionnées et ce pour chaque thématique.

En parallèle, chaque membre propose à un minimum de 4 autres personnes, dits «observateurs», d'évaluer son profil à travers un autre questionnaire regroupant deux grandes listes de qualificatifs.

Le logiciel d'exploitation de ces données, e-interplace®, est exploité uniquement par Belbin Associates et ses formateurs accrédités. Il compare notamment les résultats obtenus avec un référentiel de plus de 5 000 interviewés.

Le débriefing pour une équipe de 6 personnes correspond à un homme/jour d'un consultant accrédité, de manière à pouvoir aborder aussi bien les aspects collectifs qu'individuels et les solutions envisageables pour équilibrer l'équipe, par exemple.

Témoignage

« En situation de changement, d'innovation ou de crise, c'est l'équipe qui fait la différence. Avec la méthode Belbin®, nous avons appris à mieux nous connaître, à travailler sur nos différences et nos complémentarités au-delà de nos expertises respectives. C'est l'opportunité de réduire le facteur risque le plus élevé dans la conduite de projet : l'humain ! » (Jacques B., directeur d'une SSII).

Repères bibliographiques

Belbin Raymond Meredith, *Management Teams : Why They Succeed or Fail* (3e édition), Butterworth-Heinemann, 2010.

Belbin Raymond Meredith, *Les rôles en équipe*, Éditions d'Organisation, 2006.

LA GRILLE DE BLAKE ET MOUTON

Manager et motiver les personnes et les équipes

Par Philippe FORSKI

Consultant et formateur en management et management de projet. Spécialisé dans les projets complexes, transversaux et multiculturels.

Historique et auteurs

Robert Blake et Jane Mouton sont à l'origine de nombreux travaux visant à proposer un modèle performant de management. En s'appuyant sur les travaux de McGregor et son modèle des théories X et Y (*cf.* page 145), ils développent leur propre modèle, la grille managériale (*The Managerial Grid Model*, 1964).

À la fois chercheurs et consultants, ils sont aussi précurseurs d'un réel « packaging marketing » de leurs travaux qui explique leur large diffusion, alors que ceux-ci ont été largement critiqués et/ou améliorés (*cf.* « Le management situationnel selon Hersey Blanchard », page 88).

De fait, cette grille de recherche du mode de management optimal constitue aujourd'hui un classique que l'on trouve présenté en introduction de la plupart des séminaires sur le management.

Description de la grille de Blake et Mouton

La grille de Blake & Mouton repose sur l'observation que deux grandes tendances s'offrent au manager dans son activité :

- privilégier la relation, c'est-à-dire penser d'abord aux collaborateurs, à leurs compétences et motivations, aux interactions qui les animent ;
- privilégier le résultat, c'est-à-dire centrer son management sur les tâches à réaliser, les flux, l'organisation et bien entendu les résultats.

La combinaison de ces deux tendances permet de cartographier des types caractéristiques de management, ou styles, plus ou moins marqués selon des préférences naturelles de chacun. Blake et Mouton identifient ainsi cinq grands types de management :

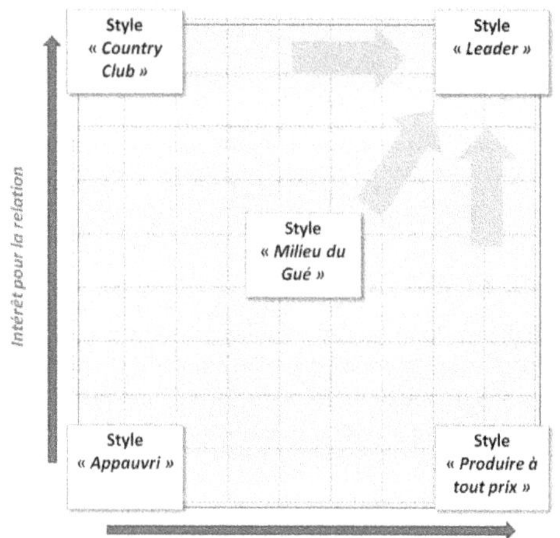

- le style « Country Club » (fort intérêt pour la relation, faible intérêt pour les résultats). Ce style de manager est avant tout focalisé sur le bien-être de ses collaborateurs et privilégie l'environnement de travail avec pour hypothèse que celui-ci est le facteur clé d'une bonne productivité ;
- le style « Produire à tout prix » (faible intérêt pour la relation, fort intérêt pour les résultats). Les collaborateurs sont assimilés à de simples moyens destinés à produire un résultat avec pour conséquences un style de management souvent perçu comme extrêmement autoritaire, procédural et administratif ;
- le style « Appauvri » (faible intérêt pour la relation, faible intérêt pour les résultats). Management pouvant être considéré comme inexistant quand le manager accorde peu d'importance à ses collaborateurs et à leur eficacité ;

- le style « Milieu du Gué » (intérêt moyen pour la relation, intérêt moyen pour les résultats). Ce type de management plaide pour les détracteurs du compromis. Il est peu marqué dans ses composantes relationnelles et opérationnelles et souvent synonyme d'un manque de stratégie managériale, voire de convictions;
- le style « Leader » (fort intérêt pour la relation, fort intérêt pour les résultats). Ce style de management est décrit par Blake et Mouton comme la panacée. Il est censé produire un environnement de travail très motivant conduisant à des résultats optimums.

Applications possibles

La grille de Blake et Mouton a été créée pour doter le manager d'un outil d'analyse de ses performances et d'amélioration de ses pratiques. L'utilisation attendue de cet outil est d'abord de se positionner sur la grille (le reflet de ses pratiques) puis d'identifier des axes de progrès possibles.

Ouvertement critiquée pour son aspect jugé incomplet et trop réducteur, cette méthode a depuis été largement enrichie.

Elle constitue cependant une bonne introduction dans le cadre de formations au management, propose une méthode d'analyse simple pour identifier un style de management dominant et faire réfléchir des managers sur leurs pratiques, voire leurs croyances :

- Qu'est-ce que le manager privélégie dans sa mission ?
- Quelles sont ses relations à ses collaborateurs ?
- Est-il guidé par une vision précise et structurée de sa mission et de ses modes d'action ?
- ...

Apports et limites

L'apport majeur de cette grille est de proposer une approche structurée des modalités d'action du Manager et lui renvoyer une image de ses pratiques.

Sa principale limite tient dans son côté réducteur et normatif. Blake et Mouton identifient et préconisent un style de management optimal en toute circonstance. Ce modèle a depuis été longuement critiqué dans le fait qu'il ne prend pas en compte les particularités de l'environnement immédiat. Il a été depuis amendé par les théories du management situationnel qui, en partant du même modèle, préconisent d'adapter ces styles de management. Ils peuvent en effet se révéler tour à tour efficaces selon la situation, la tâche à réaliser, le niveau de motivation et de compétence du collaborateur.

Les conseils de l'expert

Lors d'un séminaire ou une formation au management, il peut être intéressant de refaire faire aux participants le cheminement des évolutions des méthodes sur les styles de management. De façon naturelle, chacun a tendance à idéaliser un style de management. Un exercice sur la grille de Blake et Mouton peut constituer une bonne introduction pour que les participants s'entraînent à challenger leurs actes de management. Le débriefing sera alors moment idéal pour proposer d'aller plus loin, en particulier avec le management situationnel.

Témoignage

« J'ai tendance à trop me focaliser sur les résultats et penser à mon équipe comme à mes machines. Je me retrouve tout à fait dans l'expression "Produire à tout prix", et je comprends que ce n'est pas toujours efficace comme type de management » (Jean-Paul, responsable de production, pendant une formation au management).

Repères bibliographiques

Blake Robert, Mouton Jane S., *The Managerial Grid : The Key to Leadership Excellence*, Houston, Gulf Publishing Co, 1964.

Blake Robert, Mouton Jane S., *The New Managerial Grid*, Houston, Gulf Publishing Co, 1978.

HBDI® - CERVEAU DROIT ET CERVEAU GAUCHE

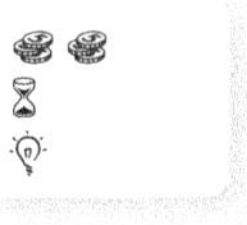

Mieux se connaître
Recrutement, mobilité
Communiquer
Développer la créativité

Par Catherine BERLIET
Consultante, formateur, coach en efficacité professionnelle et communication.

Historique et auteur

En 1975, Ned Herrmann, directeur de la formation chez General Electric, s'appuie sur les découvertes des neurosciences pour associer fonctionnement cérébral et traitement de l'information et pour élaborer le HBDI® (Herrmann Brain Dominance Instrument). C'est un outil comportemental multiculturel d'aide au développement des compétences des personnes, des équipes et des organisations, qui facilite la compréhension de son style personnel de pensée, de communication et de prise de décision.

Il s'inspire des travaux de Roger Sperry (prix Nobel de médecine) et de Mac Lean (la théorie du cerveau triunique), pour enrichir le concept binaire « cerveau gauche - cerveau droit » de la partie corticale supérieure (siège du raisonnement) et de la partie limbique inférieure (siège des émotions). Ainsi met-il en relation latéralisation cérébrale et traitement de l'information.

Puis en 1986 Lionel Vuillemin, P-DG d'Herrmann International France, introduira le HBDI® sur le marché européen.

Description de HBDI®

Le profil HBDI® illustre la façon dont une personne préfère traiter l'information. Il mesure les préférences cérébrales des individus en se basant sur une représentation métaphorique des styles de pensée.

Il fonctionne comme une carte simplifiée de l'esprit humain, déclinée sur 4 quadrants.

Le modèle Herrmann® incarne un cadre de référence et un langage applicable à toutes les situations complexes. Il apporte une vision globale et systémique du monde environnant. La superposition de son profil et du cadre de référence permet de mesurer les axes d'amélioration à déployer pour accéder à des modes de pensée à « cerveau total[1] »®.

La façon dont nous abordons les situations et nos différents registres d'intervention marquent notre singularité comportementale. Chacun de nous, naturellement, « évite », « utilise » ou « préfère fortement » fonctionner en s'appuyant sur l'un ou l'autre de ses 4 quadrants A, B, C et D : analytique, concret, relationnel, imaginatif, en association à une préférence cérébrale, à une couleur et à une symbolique.

► Voir la figure de la page 3 du cahier central couleur.

Chaque quadrant reflète un registre et un style de pensée spécifique, et souligne nos modes :

- de traitement de l'information ;
- de communication ;
- de perception des messages ;
- de prise en compte des paramètres environnementaux.

Exemple de profil ABCD

► Voir la figure de la page 4 du cahier central couleur.

1. Rappelons que le cerveau selon Mac Lean est physiologiquement structuré en 3 niveaux : le cerveau reptilien, siège des instincts, le cerveau limbique, siège des émotions, le cortex siège du raisonnement.

Applications possibles

La connaissance des styles cognitifs permet :

- aux collaborateurs :
  - de gérer la trajectoire personnelle et professionnelle,
  - de mobiliser les potentiels intellectuels pour communiquer,
  - de manager la mobilité : photo compétences,
  - de coacher,
  - de développer leur leadership;
- aux managers :
  - de réussir leurs recrutements,
  - de conduire leurs entretiens professionnels,
  - de déléguer,
  - de gérer efficacement les ressources humaines,
  - de conjuguer les préférences cérébrales pour exploiter les complémentarités;
- aux équipes :
  - d'accélérer les apprentissages,
  - de résoudre les problèmes,
  - de construire une dynamique,
  - de se challenger sur une performance accrue,
  - de booster le travail collaboratif;
- à l'organisation :
  - d'impulser une pédagogie à « cerveau total »®,
  - de valoriser et gérer la diversité,
  - de développer l'innovation et la créativité.

Apports et limites

Le HBDI®, outil multiculturel et multilingue, affiche une crédibilité scientifique et expérimentale forte, parce qu'utilisé par plus d'un million de personnes dans le monde, et adopté par les 500 premières sociétés américaines. Ses étalonnages sont remis à jour régulièrement grâce à une base de données centralisée et gérée en temps réel. Solution « sur mesure », compatible avec l'ensemble des outils managériaux, le HBDI® incarne un référentiel structurant qui favorise le positionnement de chacun dans l'organisation.

Il se caractérise par :

- une immédiateté dans sa lecture ;
- une simplicité du langage ;
- une facilité d'appropriation du modèle ;
- une mémorisation rapide ;
- une maniabilité pédagogique.

Accélérateur de talents et zoom systémique, le HBDI® permet aux organisations :

- d'inscrire la « mixité cérébrale » dans leur fonctionnement d'équipes ;
- de faire émerger les complémentarités ;
- de valoriser les préférences de chacun.

Le HBDI® ne peut pas être utilisé comme un test de mesure de l'intelligence, des performances et/ou des compétences.

Les conseils de l'expert

Attention à ne pas :
- différencier un constat d'un diagnostic ;
- penser qu'il existe de bons et de mauvais profils ;
- « gadgétiser » les processus en survolant les problématiques ;
- confondre typologie et modélisation ;
- associer systématiquement préférence à compétence.

La pertinence du HBDI® réside dans sa démarche systémique qui compile profils et modes de pensée pour manager la diversité, motiver, former, et/ou utiliser les complémentarités. Il favorise le développement de l'organisation à travers l'élaboration d'une solution dite à « cerveau total »® conjuguant énergies et différences de perception.

« Comment ça marche »

Un parcours en 3 temps :

- remplir un questionnaire auto-administrable en 30 minutes *via* Internet ;

- recevoir un package confidentiel pour explorer son profil étape par étape, comprenant :
  - un support transparent (une cible),
  - une transcription détaillée,
  - une synthèse écrite,
  - un livret sur l'approche des préférences cérébrales ;
- demander une restitution et une interprétation à un professionnel certifié.

Témoignage

« Dans ma pratique de consultant et de formateur, j'aborde la complexité avec :

- le profil HBDI® pour faire un état des lieux ;
- l'utilisation du modèle Herrmann® pour modéliser la situation spécifique à traiter : manager, former, créer à "cerveau total"®.

La combinaison des deux optimise la mise en action de toutes les intelligences de l'organisation » (Éric G.).

Repères bibliographiques

HERRMANN Ned, *Les dominances cérébrales et la créativité*, Retz, 1992.

HERRMANN Ned, *The Whole Brain Business Book*, Éditions McGraw-Hill, 1996.

CHALVIN Dominique, *Cultivez votre personnalité*, Éditions ESF, 2006.

DEMILLY Stéphane, *Manager avec l'approche Herrmann*, Éditions Eyrolles, 2009.

CHALVIN Marie-Joseph, *Ces cerveaux qui nous gouvernent*, Robert Laffont, 1991.

CENTRE DE GRAVITÉ PROFESSIONNEL (CGP)

Mieux se connaître
Améliorer sa relation à l'autre
Recrutement, mobilité
Favoriser la cohésion de l'équipe

Par Gilles NOBLET
Conseil en valorisation des talents, coach et expert en personal branding.
Formé au CGP auprès de Robert Jourda, l'inventeur de l'outil.

HISTORIQUE ET AUTEUR

Les trois lettres CGP sont les initiales de Centre de gravité professionnel. Un centre de gravité est le point sur lequel un corps se tient en équilibre dans toutes ses positions. Robert Jourda, l'inventeur de l'outil, a répertorié quatre pulsions de nature différente :

- le Fantasme lié à l'intelligence émotionnelle ;
- la Règle liée à l'intelligence normative ;
- la Pensée liée à l'intelligence rationnelle ;
- le Milieu lié à l'intelligence instinctuelle.

Ces pulsions agissent en proportion variable chez tout individu immergé dans un contexte socioprofessionnel. Le point d'équilibre de ces forces est identifiable et représentable graphiquement. On dit, en raccourci, que c'est le CGP de la personne et que ce CGP définit sa personnalité professionnelle.

Robert Jourda explore depuis près de trente ans le phénomène de la personnalité professionnelle reliée à cette notion ancestrale de vocation qui induit que tout être humain est fait par nature pour un certain type de métier. Il a créé l'Institut de la vocation, une association indépendante de chercheurs en sciences humaines et de praticiens de l'évaluation des hommes au travail.

Description du Centre de gravité professionnel

L'analyse CGP est l'interprétation des capacités humaines naturelles de réponse aux sollicitations spécifiques de la situation de travail. Elle décrit cette tendance caractéristique que chacun de nous manifeste dans sa façon d'assumer les tâches, les fonctions, les responsabilités professionnelles. Elle affirme que chaque être humain a un comportement professionnel naturel qui s'inscrit dans une typologie des comportements. Lorsque cet être humain a la chance d'exercer le type de tâche/fonction/responsabilité pour lequel il est fait, il a toutes les chances de se sentir à la fois heureux et compétent.

Le CGP distingue 9 types de base : le concepteur, le créatif, l'animateur, le créateur, le réalisateur, le service public, le maître et technicien, le méthodologiste, le polyvalent.

À partir de ces 9 types, il dresse une typologie de 151 personnalités professionnelles possibles. Les noms de toutes ces personnalités professionnelles ont été puisés dans le vocabulaire professionnel ou courant. Ils sont à prendre pour leur valeur d'image et non comme une qualification professionnelle. Exemples : Animateur entraîneur, Réviseur, Réparateur avisé, Entrepreneur modéré, Créatif inspiré, Artisan pratique...

Applications possibles

- Vérifier son aptitude réelle dans une fonction de manager : tout va mieux pour l'individu et l'entreprise quand chaque collaborateur sait pour quoi il est fait et pour quoi il n'est pas fait dans la vie professionnelle.
- Éclairer une décision d'affectation à un autre poste ou une reconversion vers un autre métier : un individu ne peut être performant s'il se retrouve à contre-emploi. La tâche/fonction/responsabilité qu'il exerce doit comporter des exigences spécifiques que sa personnalité professionnelle est capable par nature de satisfaire.
- Mieux cerner son style de leadership : le CGP distingue 9 sortes de dirigeants. L'évolution des méthodes de commandement a ouvert le champ de l'exercice du commandement à des personnalités professionnelles plus variées que celles qui naguère étaient appelées à être des chefs.

- Renforcer la cohésion d'une équipe que ce soit un comité de direction, une équipe « projet » ou un département : un individu bien adapté à sa fonction peut ne pas être compris ou même être rejeté par une équipe dont les membres ont un CGP trop éloigné du sien. Et le fait qu'il soit trop efficace à son poste peut accentuer ce rejet.

Apports et limites

Le CGP met en évidence le lien qui existe entre personnalité et activité professionnelle.

Des métiers différents peuvent être exercés idéalement par un certain type de personnalité parce qu'ils s'appuient sur le même CGP. Un coach sportif, un explorateur, un directeur d'une usine décentralisée à l'étranger, etc. seront plus efficaces avec une personnalité d'animateur entraîneur.

Un même métier pourra être exercé de façon différente suivant le type de personnalité. Un commercial avec une personnalité de bâtisseur va être capable d'aller à l'abordage et de vendre dans le dur. Un commercial avec une personnalité de metteur en scène aura besoin d'être sollicité par les clients et pourra être performant dans une boutique.

Le CGP affirme que les caractéristiques psychologiques (irritabilité, anxiété, optimisme...) ne destinent nullement à un type de fonction ou de métier. Mais elles affectent le comportement professionnel et vont rendre la personne plus ou moins apte à exercer sa fonction.

Les conseils de l'expert

Le test doit être restitué lors d'un entretien non directif basé sur une écoute bienveillante avec un praticien CGP qui en connaît toutes les subtilités. Il doit pouvoir être étayé et qualifié par d'autres éléments d'information comme un QSP (Questionnaire de situation professionnelle) et le test des Aspirations basé sur du photolangage.

« Comment ça marche »

Le test comporte 14 questions à choix multiples. En n'interrogeant pas une personne sur ses goûts conscients, le CGP a la propriété de pouvoir détecter, par exemple, un scientifique capable de faire de la recherche fondamentale ou un futur créateur d'entreprise chez un quasi-illettré qui, interrogé autrement, se déclarerait de bonne foi attiré par le métier de maçon ou de boulanger. Ce qui est détecté est bien un potentiel qui ne dépend pas de l'éducation reçue.

Le logiciel « CGPTest » décrit 151 personnalités professionnelles. Chaque descriptif de personnalité décrit - en deux à quatre pages - des compétences naturelles et évoque à titre d'exemple des types de fonction ou de métier convenant plus spécialement à la personne.

Témoignage

La nouvelle équipe de direction d'un établissement industriel fonctionnait depuis six mois avec un nouveau chef de site. Sur les trois managers qui pilotaient chacun un service, deux étaient considérés comme des anciens et le dernier comme un nouveau. L'ancien chef de site avait une personnalité professionnelle d'animateur entraîneur. Il était resté à son poste près de huit ans et avait dirigé une équipe très soudée. Le nouveau chef de site se positionnait plus comme un homme « ressources » et se heurtait à une certaine incompréhension de son équipe.

« Un atelier de cohésion d'équipe avec le CGP nous a permis d'identifier nos personnalités professionnelles, celles de nos collègues et la façon de manager des uns et des autres. Nous avons mieux compris les mécanismes de coopération d'équipe, ça nous a permis de mieux fonctionner ensemble. »

Repères bibliographiques

Jourda Robert, *La Personnalité professionnelle*, tomes 1 et 2, L'Harmattan, 2003.

Noblet Gilles, *Développer sa marque personnelle - Le Personal branding dans son métier, sa carrière et sa vie*, Édition CFPJ, 2009.

L'Analyse CGP et les formes d'intelligence, monographie éditée par l'Institut de la vocation, 2005.

LES 6 CHAPEAUX

Développer la créativité
Résolution de problèmes

Par Christine CARSTENSEN
Directrice de Pépites d'or, consultante, coach, formatrice et auteur.
Formée à la créativité à l'université de Paris V.

Historique et auteur

La méthode des 6 chapeaux a été créée dans les années 1970 par Edward de Bono, docteur en médecine et en philosophie, expert en créativité, enseignant et intervenant comme conseiller auprès d'entreprises internationales et de responsables politiques. Constatant l'inefficacité des débats contradictoires au cours des réunions où tout le monde s'oppose, il invente le concept de « pensée parallèle » où chacun regarde un thème sous un même angle à un instant *t* et s'exprime. La méthode des « 6 chapeaux » est son outil d'application. Chaque chapeau, symbolisé par une couleur, correspond à un angle de vue : factuel, émotionnel, critique, positif, créatif ou neutre.

Description des 6 chapeaux

Autour d'une idée ou d'un thème, l'animateur de la réunion présente les 6 chapeaux virtuels. À chaque chapeau est attribuée une couleur qui représente un angle d'approche ou un mode de pensée différent. Leur signification est visible sur une affiche. Il est important de respecter les règles du jeu tout en gardant l'aspect ludique qui lui garantit son efficacité.

- Chapeau Blanc : les faits, l'information disponible ou à rechercher.
- Chapeau Rouge : les émotions et les intuitions. Livrer à chaud un sentiment sans avoir à se justifier rationnellement. « Sous le couvert du chapeau rouge, j'ai l'intuition de... » ou : « J'ai envie de rire... »

- Chapeau Noir : les risques, la critique constructive, la prudence, les obstacles et inconvénients. Souligner ce qui ne va pas pour éviter les écueils. Attention à la sur-utilisation!
- Chapeau Jaune : les avantages et bénéfices, la pensée positive, les rêves et les visions. Faire ressortir les bénéfices de l'idée : « Et si c'était possible, ce serait comment ? »
- Chapeau Vert : la pensée créative, l'énergie, le mouvement, la nouveauté. Sortir du cadre, se libérer des idées reçues.
- Chapeau Bleu : la prise de recul, le déroulement de la réflexion, la synthèse. Chapeau de l'animateur pour ouvrir et clore la réunion ou réguler en cours de route.

L'animateur oriente la réflexion du groupe vers une seule direction à la fois. Au fil de la réunion, il sollicite plusieurs fois le groupe à se concentrer sous un angle ou un autre. Il encourage les participants à s'exprimer en utilisant les différents chapeaux (virtuels) : « Et maintenant, si nous passions au chapeau Jaune (avantages). » « En chapeau Jaune, je me demande comment ce produit peut devenir rentable ou quelles occasions s'offrent à nous. » Soit chacun prend la parole librement en rappelant « sous le chapeau jaune, je... », soit l'animateur fixe une minute par personne. Il décide de changer de chapeau et de lancer une nouvelle couleur selon la progression de la réunion. Insuffler un rythme soutenu par l'alternance des chapeaux favorise l'émergence de différents points de vue. Ne pas rester trop longtemps sur un chapeau. En « portant » alternativement les 6 chapeaux, les participants ne se figent pas dans un mode de pensée : chacun est tour à tour critique, créatif, intuitif, factuel, etc.

Applications possibles

La méthode s'applique à tous les domaines : le contexte professionnel ou privé, en individuel (soi-même pour approcher six angles de vue d'une même question) ou en collectif. Exemples d'utilisation :

- animer des réunions efficaces;
- enrichir l'exploration d'une idée;
- ouvrir la voie à une résolution de problème;
- sortir des sentiers battus et du cadre de réflexion habituel limitant;

- relancer un projet;
- accompagner le changement;
- générer une communication de groupe dynamique.

Apports et limites

La méthode des 6 chapeaux mobilise l'énergie créatrice d'une équipe. Protégées d'une censure immédiate, les idées s'enrichissent plus qu'elles ne s'opposent. Elles se déploient librement sous différents angles. En introduisant dans une réunion l'aspect ludique avec des règles simples, la méthode des 6 chapeaux permet à chacun de focaliser son regard à un instant *t* dans la même direction. Le fait de concentrer l'attention du groupe sur un seul objectif à la fois : les risques (chapeau Noir), puis les nouvelles idées (chapeau Vert), l'aspect positif (chapeau Jaune), les faits (chapeau Blanc) etc. représente un gain en temps et en productivité. Outre qu'elle crée un esprit d'équipe et une écoute, la méthode limite le risque d'enfermer chacun dans un rôle (l'alarmiste, le réactif émotionnel, le créatif rêveur...) car chaque participant sait qu'il représentera tour à tour les six points de vue. La vigilance de l'animateur garantit un juste équilibre : le danger serait de laisser dériver le chapeau Noir (risques) sans rééquilibrer avec une demande en chapeau Jaune (points positifs) ou en chapeau Vert (créativité).

Les conseils de l'expert

Après s'être formé à la méthode, saisir toutes les occasions pour s'entraîner. Commencer pour soi-même en adoptant le principe des 6 chapeaux pour développer une idée, un projet ou concevoir un voyage, avec des amis ou la famille pour préparer une fête d'anniversaire ou une surprise. L'application professionnelle coulera de source après deux ou trois galops d'essai !

« Comment ça marche »

Garder à l'esprit l'aspect ludique et productif pour susciter mouvement et énergie. Veiller à alterner les six modes de pensée autour d'un thème, à revenir sur l'un ou l'autre comme un jongleur à six balles. L'efficacité tient au rythme et à la direction clairement indiquée par l'animateur : « Maintenant, je voudrais votre remarque en chapeau Rouge ! »

Témoignage

« Quand j'ai découvert les 6 chapeaux, j'ai été saisi par l'ambiance joyeusement participative créée dans le groupe de réflexion et la richesse des interventions. Exprimer son point de vue sous un angle précis et être écouté, ça détend et ça évite les pertes de temps en débats stériles. En variant les modes de pensée (les 6 chapeaux), un avis, même différent, enrichit le précédent. J'ai adopté très vite la méthode, c'est une façon très pertinente de donner toute son ampleur à une idée lors d'une réunion. Ou si un projet ronronne, je lance un "SOS, les 6 chapeaux" et ça marche ! » (Marc, directeur marketing Cosmétiques).

Repères bibliographiques

Bono Edward (de), *Les 6 chapeaux de la réflexion*, Eyrolles, 2005.

Aznar Guy, *Idées*, Éditions d'Organisation, 2005.

LA COMMUNICATION NON VIOLENTE (CNV)

Améliorer sa relation à l'autre
Communiquer
Résoudre les conflits
Stress, émotion

Par Jean-Marc ORTÉGA

Coach et psychothérapeute. Directeur de l'Institut Équilibre et Performance. Expert en Process Com, Communication non violente, Intelligence émotionnelle et Zen management.

Historique et auteur

Docteur en psychologie et disciple de Carl Rogers, le père de la psychologie humaniste, Marshall Rosenberg invente, à la fin des années 1980, le concept de Communication non violente : une méthode de communication simple, organisée en quatre temps, destinée à gérer les conflits, faciliter les relations humaines et les enrichir.

Description de la Communication non violente

Marshall Rosenberg dit : « La violence, les comportements d'agression et les jugements que nous portons sur les autres sont l'expression tragique de nos besoins non satisfaits. » La Communication non violente nous invite à développer une capacité d'être à l'écoute de nos émotions, de nos besoins, de nos valeurs, et de savoir les exprimer avec authenticité sans que nos partenaires de communication se sentent contraints, accusés, jugés, culpabilisés ou dévalorisés. La relation est alors saine et les conflits peuvent être gérés de façon positive, dans le respect de soi et de l'autre, et conduire à la coopération.

Applications possibles

Première immersion dans le processus CNV

Au-delà des mots écrits sur cette page, que vous pourriez recevoir de manière passive, confortablement installé dans un fauteuil, tentons de partager le moment présent afin d'appréhender la CNV d'une façon vivante et concrète.

1. Souvenons-nous d'une situation dans laquelle une personne de notre équipe, un hiérarchique ou un client, a fait quelque chose qui ne correspondait pas du tout à ce que nous attendions qu'il fasse. Prenons le temps de revivre cette situation.
2. Prenons conscience aussi de ce que nous avons ressenti au moment où cette personne ne s'est pas comportée comme on l'aurait souhaité. Quelles ont été nos sentiments, nos sensations ?
3. Posons-nous la question de ce qu'étaient nos besoins à ce moment-là. Qu'est-ce qui était important pour nous dans cette situation à quoi l'autre n'a pas fait attention ? Pourquoi étions-nous déçus, agacés, inquiets, choqués, révoltés, en colère... ?
4. Et demandons-nous enfin comment nous aurions aimé que l'autre se comporte. Qu'aurions-nous apprécié de le voir faire ou dire ? Identifions cela.

Nous avons construit là les quatre temps du processus CNV : nous avons identifié le comportement que la personne a produit (phase 1) et qui a déclenché des émotions, des sensations (phase 2), des besoins ou des valeurs frustrés en nous (phase 3), et nous savons ce qu'elle aurait pu faire qui nous aurait mieux convenu : notre demande (phase 4).

Maintenant que nous avons revécu une situation réelle de « contrariété », posons-nous une autre question : la question clé de l'efficacité de la CNV. Marshall Rosenberg la pose ainsi : « Pour quelle raison aimeriez-vous que l'autre change, et qu'il fasse ce que vous attendez de lui ? »

Prenez un instant pour ralentir votre réflexion et répondre sincèrement à cette interrogation. Peut-être êtes-vous en train de vous dire : « J'aimerais que cette personne change d'elle-même. Que je ne sois pas obligé de lui dire ce qu'il y a faire, ce qui est important, ce qu'il y a à changer ! » Une grande majorité de personnes partagent cette réponse. Un manager ne rêve-t-il pas de collaborateurs se sentant responsables, capables d'avoir seuls les bonnes idées, de faire ce que l'on attend d'eux, de prendre des initiatives, d'anticiper ses besoins et de satisfaire spontanément ses demandes ? En fait, nous souhaiterions que leur réponse à nos besoins vienne d'un élan spontané, sans contrainte (c'est-à-dire sans violence). Marshall Rosenberg parle ici d'un « élan du cœur » car le moteur du comportement-réponse est l'émotion.

La pratique quotidienne du processus

1. Il s'agit de passer en mode « non-jugement », en attitude de respect mutuel, puis :
2. de prendre en compte le sentiment Chacal (agressif) qui surgit en nous : sa fonction est de nous alerter de l'apparition d'un dysfonctionnement dans la relation (prenez soin et remerciez le chacal qui veille en vous) ;
3. de traduire notre sentiment Chacal en langage Girafe, non violent. Ce sera par exemple : « Monsieur, j'observe que vous venez de prendre la parole alors que je suis en train de développer mon idée, c'est très inconfortable pour moi. J'aimerais que chacun d'entre nous puisse exprimer son opinion, je suis convaincu que notre échange y gagnerait en qualité. » Ou encore : « Lorsque j'ai constaté que vous êtes intervenu directement, sans qu'on ait pu parler ensemble alors que nous étions d'accord pour nous concerter (phase 1 : les faits concrets), je n'ai pas apprécié du tout, j'étais même sur le coup très en colère. En fait, j'étais surtout inquiet car je me demandais si cela ne risquait pas de se reproduire et du coup d'altérer et notre relation et l'efficacité de notre action commune (phase 2 : les émotions). J'ai besoin de travailler en confiance totale avec vous (phase 3 : les besoins), je souhaite que vous respectiez ce que nous avons décidé ensemble, aussi j'aimerais comprendre ce qui s'est passé là (phase 4 : la demande). Seriez-vous d'accord pour qu'on en parle après la réunion ? » Le ton de la voix est ferme, mais non agressif et le désir de comprendre et de construire est sincère. Un recadrage positif est alors possible ;
4. d'engager un dialogue authentique et constructif : « Que ressentez-vous lorsque je vous dis cela ? » (demande de connexion).

Apports et limites

La Communication non violente permet de :

1. comprendre les ressorts cachés des conflits, les désamorcer et les gérer ;
2. dépasser les situations relationnelles bloquées et accroître la coopération ;
3. manager avec efficacité et bienveillance.

La CNV peut être déroutante pour les personnes qui cherchent des outils « miracle » : pratiquer la CNV demande au préalable ou en parallèle de développer son empathie, sa tolérance, une écoute authentique de soi et de l'autre…

Les conseils de l'expert

Le processus CNV permet une communication claire, une saine affirmation de soi et une relation de confiance. Il fonctionne de manière remarquable lorsque notre intention est positive et bienveillante, hors de tout jugement, et lorsque nous nous exprimons de façon sincère et authentique.

Pour bien utiliser la Communication non violente et appliquer le processus avec bénéfice il convient :

- d'apprendre à écouter et à gérer ses émotions excessives ou « négatives » en en comprenant le sens caché, généralement un besoin frustré… ;
- pour cela, de développer son empathie. Marshall Rosenberg nous recommande de nous connecter à nous-mêmes, de vérifier notre intention avant d'agir, de prendre aussi un instant d'auto-empathie afin d'identifier les besoins que nous vivons dans l'instant présent ;
- de savoir faire des demandes claires et concrètes reliées à des besoins légitimes.

« Comment ça marche »

Pour commencer à mettre en pratique les enseignements de la Communication non violente, il convient d'être formé par un formateur certifié sur 3 modules de deux jours espacés dans le temps.

La méthode est moins difficile à comprendre qu'à ressentir et à appliquer naturellement, aussi n'est-elle pas compliquée à appréhender et demande simplement du temps d'assimilation dans la durée et une pratique sincère.

Témoignage

« Au cours de ma formation à la communication, le formateur nous a initiés aux principes de la CNV, au début ce n'était pas évident d'appliquer car cette façon de faire était très éloignée de nos habitudes... mais lorsque nous avons tous compris la logique naturelle et l'intérêt de la méthode, nous nous y sommes mis et aujourd'hui l'ambiance dans l'équipe est autrement plus agréable ; j'ai l'impression que nous travaillons dans un plus grand respect... un dialogue véritable est possible » (Cyril G., manager dans le secteur de la grande distribution).

Repères bibliographiques

Rosenberg Marshall B., *Les mots sont des fenêtres (ou bien ce sont des murs) - Introduction à la Communication non violente*, La Découverte, 2005.

D'Ansembourg Thomas, *Cessez d'être gentil, soyez vrai ! Être avec les autres en restant soi-même*, Les Éditions de l'Homme, 2001.

Leu Lucy, *Manuel de Communication non violente - Exercices individuels et collectifs*, La Découverte, 2005.

Rosenberg Marshall B., *Dénouer les conflits par la Communication non violente*, Éditions Jouvence, 2006.

LE CREATIVE PROBLEM SOLVING (CPS)

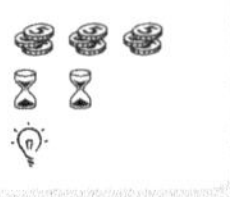

Accompagner le changement
Favoriser la cohésion de l'équipe
Développer la créativité
Résolution de problèmes

Par Christine CARSTENSEN

Directrice de Pépites d'or, consultante, coach, formatrice et auteur.
Formée à la créativité à l'université de Paris V.

Historique et auteur

Le CPS est une méthode créative de résolution de problèmes créée par Alex Osborn et enrichie par Sidney Parnes. En 1939, aux États-Unis, Osborn invente le brainstorming. Observant un gaspillage de temps en réunion faute d'organisation, il initie une démarche pragmatique et structurée, montrant que l'on peut organiser la recherche d'idées en groupe, en alternant mouvement créatif et mouvement logique. Grâce à des exercices d'assouplissement mental, il insuffle un état d'esprit favorable à la créativité, puis structure le temps et focalise l'attention du groupe sur un objectif par étape. Vers 1970, le brainstorming s'enrichit de pratiques plus intuitives comme la relaxation. En 1955 et jusqu'à sa mort en 1966, Osborn associe Parnes à ses recherches. Le brainstorming devient le Creative Problem Solving Model. Parnes voit le CPS comme une « méthode de changement positif » pour une recherche créative. En France, le CPS a été développé par Olwen Wolfe, formée par Parnes. Selon Olwen, le CPS est un processus qui permet de « surmonter des impossibilités apparentes en adoptant des approches nouvelles ». La force du CPS est de fournir un cadre logique et structuré pour résoudre des problèmes avec des outils intuitifs. De plus en plus intégré à l'entreprise et aux grandes écoles françaises, il devient un instrument privilégié du management de l'intelligence collective.

Description du CPS

À la fois méthode de résolution créative de problèmes et processus global d'innovation, le CPS adopte une démarche structurée dont chaque étape nourrit la suivante. Au cours de son évolution, le processus a subi quelques variantes. Le modèle présenté ici a été initié par Olwen Wolfe et validé par elle auprès de Sidney Parnes.

De l'appel au changement jusqu'au plan d'action, il se déroule en 8 étapes réparties en 3 temps forts :

- A. Clarifier l'objectif de la recherche :
  1. besoins,
  2. données,
  3. objectifs;
- B. Inventer des solutions innovantes et réalistes :
  4. idées,
  5. critères,
  6. solutions;
- C. Préparer l'action : accord et plan d'action :
  7. adhésion,
  8. planification.

Les règles du jeu du CPS

Chacune des 8 étapes contient alternativement deux mouvements :

- un mouvement de « divergence » ou d'ouverture avec des exercices ludiques d'intelligence intuitive pour débrider la créativité et ouvrir sur de nouvelles idées;
- un mouvement de « convergence » ou de tamisage avec des outils logiques pour filtrer les idées et faire des choix efficaces.

En divergence :

- différer le jugement pour ne pas tuer dans l'œuf une idée à peine émise. Le principe est que les idées s'ensemencent par rebondissement, analogie, association sans jamais s'exclure !
- favoriser la qualité en produisant quantitativement;

- oser les idées les plus inédites;
- écrire une idée par Post-it;
- associer les idées entre elles en rapprochant les Post-it.

En convergence :

- choisir les idées les plus proches de l'objectif de l'étape;
- transformer les pistes en idées;
- sélectionner les idées à explorer selon des critères logiques précis;
- s'orienter innovation, en écho à l'objectif de changement initial;
- sortir d'une impasse « comment faire pour... ».

Deux exemples d'exercice

En divergence. Imaginer qu'un consultant « virtuel » soit invité autour de la table : Coco Chanel, Astérix ou Chaplin. Comment s'y prendrait-il pour résoudre le problème ? Quel conseil donnerait-il ?

En convergence. Créer une matrice de sélection. Rappeler l'objectif : inventer un téléphone portable nouvelle génération. À l'horizontale, noter les trois idées les plus prometteuses. À la verticale, les trois critères incontournables du produit ou du service : innovant, facile à utiliser, ludique. Explorer et creuser l'idée qui satisfait au plus grand nombre de critères définis.

Applications possibles

Le CPS s'applique au complet ou en partie, en recherche individuelle ou collective, sur un produit, un projet, un service, une problématique relationnelle. Exemples :

- pratiquer une résolution de problèmes avec logique et intuition;
- animer des réunions productives et les dynamiser;
- débloquer un projet;
- développer de nouvelles idées : de l'imagination au plan d'action;
- initier et structurer le changement;
- fédérer une équipe en team building;
- déployer des options innovantes.

La souplesse du CPS permet de l'utiliser dans le cadre privé ou professionnel, en entreprise, dans des institutions privées ou publiques, dans l'éducation, la formation, le management, le coaching, l'orientation professionnelle ou de projet.

Apports et limites

Le CPS insuffle à une équipe un état d'esprit d'ouverture et d'efficacité et initie en même temps un nouveau climat relationnel. Par son rythme qui alterne un mouvement créatif (divergence) et un mouvement logique (convergence), il est générateur d'énergie, de motivation au travail et de confiance en soi. Chacun révèle son potentiel créatif. Comme le brainstorming qui est beaucoup décrié quand il n'est pas conduit dans les règles de l'art, le risque pour le CPS est d'être pratiqué sans respecter les règles d'or (les étapes, le non-jugement, divergence/convergence, etc.) et de perdre en puissance.

Les conseils de l'expert

Pour se préparer à participer à un CPS, se mettre dans un état d'esprit d'ouverture, ludique et intuitif et se laisser guider. Les idées pétilleront comme un feu de joie. Ce n'est qu'une matière première, mais quelle matière noble ! Transformés en actions concrètes, les résultats seront surprenants. Imaginons un instant si Vinci n'avait pas rêvé de l'homme oiseau, nous serait-il possible de voyager en avion aujourd'hui ?

Retrouver la joie de créer spontanément, de lancer des idées sans censure comme les enfants. Se reconnecter à un esprit ludique et inventif. L'animateur est garant du cadre, du rythme et de l'éthique. Il garde en tête l'objectif et assure fluidité et souplesse du déroulement pour un résultat productif.

« Comment ça marche »

Le CPS se déroule sur deux jours minimum. En un jour en cas d'utilisation partielle du processus.

Témoignage

« Le CPS est arrivé dans l'entreprise quand mon équipe et moi étions à court d'idées innovantes à proposer à nos clients. La panne sèche.

Lorsque l'animatrice a commencé à nous faire appliquer les premières étapes du CPS, nous avons tous senti, après un ou deux exercices, que notre créativité redémarrait. Les deux jours ont été en s'amplifiant. Nous avons retrouvé une nouvelle énergie et une vraie confiance. Je suis même prête à me former à la méthode ! » (Élodie, chef de projet site Web).

Repères bibliographiques

Wolfe Olwen, *J'innove comme on respire*, Éditions du Palio, 2007.

Osborn Alex F., *Your Creative Power*, New York, Scribners, 1948.

Parnes Sidney J., *Visionizing : innovating your opportunities*, The Creative Educate Foundation Press, 2004.

CULTURAL DETECTIVE®

Améliorer sa relation à l'autre
Manager et motiver les personnes et les équipes
Communiquer
Favoriser la cohésion de l'équipe

Brian Mc CARRON
Consultant, coach et formateur se focalisant sur le développement de managers, d'équipes et d'organisations en milieu multiculturel.

Historique et auteur

La méthode a été créée par Dianne Hofner Saphiere, fondateur et président de Nipporica Associates. Plus de 120 spécialistes (consultants, enseignants chercheurs, psychologues...) dans les différentes régions du monde fournissent les informations spécifiques concernant une cinquantaine des principales cultures. Ils renseignent sur les **valeurs** principales d'une culture donnée et décrivent également des **incidents critiques** qui se produisent quand les valeurs de deux cultures ne sont pas clairement identifiées et prises en compte.

Description de Cultural Detective®

Objectif de la méthode

La méthode Cultural Detective® vise à faciliter la compréhension des cultures et à améliorer la communication et les relations de travail entre deux ou plusieurs cultures en améliorant la compréhension et la prise en compte des valeurs et normes des groupes en présence.

Déroulement de la méthode

1. **Présentation de la méthode**
2. **Identification des principales valeurs de sa propre culture** ainsi que de leurs limites, telles qu'elles pourraient être perçues par d'autres cultures.

Par exemple, les valeurs d'« ouverture » et de « créativité » peuvent permettre l'essor d'une capacité à traiter de nouveaux problèmes sans que l'expérience dans le domaine soit forcément importante. Toutefois, cette propension peut être perçue comme de l'amateurisme ou un manque de sérieux par les membres d'une culture cible ou partenaire.

3. **Identification des principales valeurs d'une culture cible ou partenaire** ainsi que leurs limites.

Ces valeurs peuvent être établies à partir des perceptions existantes des participants, membres de la culture cible ou pas, et complétées par les études spécifiques rédigées par l'équipe « Cultural Detective ». (*cf.* « Repères bibliographiques »).

4. **Entraînement à la prise en compte des valeurs principales** à partir d'incidents critiques.

Les participants sont amenés à analyser un ou plusieurs Incidents critiques dans lesquels les valeurs d'une culture cible sont mises en œuvre. Ils apprennent à :

- décrire les faits tels qu'ils sont perçus par les membres de chaque culture en présence ;
- identifier la valeur mise en œuvre par chaque culture en présence ;
- chercher des « ponts interculturels » permettant d'atteindre une solution acceptable par les deux entités.

Applications possibles

La méthode peut être déployée dans plusieurs cadres et portera sur au moins deux cultures :

- la formation – un groupe de Culture A ayant à travailler avec une ou plusieurs cultures cibles (B, C, D...) ;
- le coaching – un manager ou un spécialiste de Culture A ayant à travailler avec une ou plusieurs cultures cibles (B, C, D...) ;
- le développement de la cohésion d'une équipe – une équipe composée de membres de deux ou plusieurs cultures « partenaires ».

Apports et limites

Suite à ces exercices, les participants auront renforcé trois compétences interculturelles clés :

- connaissance de leur culture subjective - compréhension de leurs propres préférences et valeurs ;
- alphabétisation culturelle - comprendre le cadre de référence des membres d'une autre culture, leur manière de voir le monde, leurs préférences et valeurs ;
- créativité interculturelle - identifier des passerelles possibles permettant des solutions efficaces et mutuellement acceptables par les cultures en présence.

Pour compléter cette approche, le manager qui travaille en milieu multiculturel peut également aborder les trois thèmes suivants :

- les présupposés culturels - la manière caractéristique des membres d'une culture de penser et de se comporter dans le monde. Ils ont un impact majeur sur les préférences de chaque culture en ce qui concerne la communication interculturelle et les pratiques de management (conduite d'entretiens et de réunions, organisation de présentations...) et peuvent être bien identifiés par un outil comme le COI® (Indicateur d'orientations culturelles) ;
- les compétences culturelles - les compétences à développer afin d'améliorer son efficacité et son plaisir quand on travaille dans un milieu interculturel. Le questionnaire WorldWork Profiler® permet d'identifier et d'évaluer les compétences clés à l'international ;
- la confiance interculturelle. Développer la confiance dans un milieu multiculturel est d'autant plus important que les relations entre les membres d'une équipe et leurs interlocuteurs clés (clients, fournisseurs) subissent des tensions induites, d'une part, par la présence des différences culturelles dès le départ et, d'autre part, par l'absence de fréquentes relations en face à face. En effet, dans une équipe virtuelle, les communications passent souvent par l'écrit (rapports, courriels), par téléphone ou vidéoconférence. Il est important de prendre le temps pour construire des relations de confiance. L'International Team Trust Indicator (ITTI) établi par WorldWork permet de faire un diagnostic du niveau de confiance

qui règne dans une équipe et d'identifier les principaux leviers pour le renforcer.

Les conseils de l'expert

Il est important dans cette approche d'abord de repérer ses propres valeurs afin de mieux comprendre les divergences en comportement qui peuvent émerger avec les membres d'une autre culture. Cela n'est pas toujours chose facile d'autant plus qu'il peut y avoir lieu d'identifier aussi bien ses valeurs personnelles que celles appartenant à la culture de son métier et de son entreprise. Le coach ou formateur expert dans l'approche interculturelle peut aider en proposant des exercices de découverte et de formalisation.

« Comment ça marche »

L'initiation à une ou plusieurs cultures par la méthode Cultural Detective® peut être acquise de plusieurs manières :

- par un coaching individuel d'une durée de six à huit heures;
- par une formation classique pour 8 à 12 personnes d'une journée à une journée et demie;
- par un exercice de développement de cohésion d'équipe, pour une équipe multiculturelle, d'une durée d'une journée à une journée et demie.

Suite à cette ouverture, il est souhaitable de continuer à approfondir sa connaissance par l'observation et la pratique, par des lectures et par des échanges avec des membres des groupes culturels concernés.

Témoignage

« Avec Cultural Detective®, j'ai fait d'importants progrès dans ma compréhension des Chinois. L'approche par les valeurs m'a aidé à comprendre le pourquoi de certains comportements que j'aurais autrement trouvé surprenants, voire irrationnels. Si certaines des valeurs clés identifiées - la recherche de l'harmonie par exemple - ne me surprennent pas, la découverte d'autres – l'importance des guanxi[1] par exemple – était d'une importance capitale » (Pierre, directeur Développement et Innovation, Multimédia et Internet, Île-de-France).

Repères bibliographiques

Storti Craig, *Cross-Cultural Dialogues : 74 Brief Encounters with Cultural Difference*, Nicolas Brealey Publishing/Intercultural Press, 1994.

Storti Craig, *The Art of Crossing Cultures*, Nicolas Brealey Publishing/Intercultural Press, 2nd Edition, 2001.

Schmitz Joerg, *Cultural Orientations Guide*, Princeton Training Press, 2005.

Walker Danielle, Walker Thomas et Schmitz Joerg, *Doing Business Internationally : The Guide to Cross-Cultural Success*, McGraw-Hill, 2nd Edition, 2003.

Cultural Detective® : des études synthétiques sont disponibles (http://www.culturaldetective.com) pour les cultures suivantes :

Asie de l'Est,	Canada,	Inde,	Pologne,
Afrique du Sud,	Chili,	Indonésie,	Roumanie,
Afrique de l'Ouest,	Chine,	Israël,	Russie,
Allemagne,	Corée du Sud,	Italie,	Singapore,
Angleterre,	Danemark,	Japon,	Slovaquie,
Argentine,	Égypte,	Malaisie,	Slovène,
Australie,	Espagne,	Mexique,	Suède,
Bélarus,	États-Unis,	Nouvelle-Zélande,	Suisse,
Belgique,	Golfe arabe,	Norvège,	Thaïlande,
Brésil,	Finlande,	Océanie,	Turquie.
Bulgarie,	France,	Pays-Bas,	
Cameroun,	Hongrie,	Philippines,	

1. Réseaux de relations réciproques d'engagement et d'entraide.

12

LE DISC

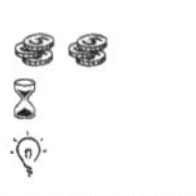

Mieux se connaître
Améliorer sa relation à l'autre
Manager et motiver les personnes et les équipes
Recrutement/mobilité

Par Patrice FABART
Consultant, coach, et formateur en management.
Directeur de la société Arc-en-Ciel RH.

Historique et auteur

William Marston a été un des chercheurs les plus importants dans le domaine du comportement humain. Son travail a fourni la base de développement de beaucoup d'instruments d'évaluation et d'identification du comportement qui sont aujourd'hui sur le marché et qui se réfèrent à l'analyse de comportement DISC.

Né à Cliftondale, Massachusetts, en 1893, William Marston a fait ses études à l'université d'Harvard. Il a consacré la plus grande partie de sa vie adulte à la profession de psychologue enseignant dans plusieurs universités et consultant. Écrivain prolifique, il a contribué au *Journal américain de psychologie*, à l'*Encyclopédie de psychologie*, tout en écrivant et collaborant à la rédaction de cinq livres.

Sa contribution la plus connue a été son succès dans la détection du mensonge. Il a réalisé son travail à l'université d'Harvard et en 1938 il a publié un livre, *Le Détecteur de mensonge*. Bien qu'il soit resté psychologue consultant, Marston a été principalement actif dans les cinq dernières années de sa vie comme créateur, écrivain et producteur de *Wonder Woman*, une bande dessinée humoristique qui parut d'abord sous forme de livre. Il se servit du nom de plume de Charles Moulton dans cette entreprise. Atteint par la poliomyélite en 1944, il est resté partiellement paralysé jusqu'à sa mort en 1947 à l'âge de 53 ans.

Il a exposé sa principale théorie des traits dans un ouvrage publié en 1928 : *Les Émotions des gens normaux*.

Description du DISC

Dans cette théorie, plus connue sous le nom de DISC, Marston décrit quatre catégories de réactions comportementales humaines - qu'il nomma *primary emotions* - de la façon suivante :

D comme Dominance *(Dominance)* : la volonté de surmonter des forces perçues par le moi comme hostiles;

I comme Influence *(Inducement)* : la tentative de se rallier des forces perçues comme alliées;

S comme Stabilité *(Steadiness)* : l'assentiment du moi à des forces perçues comme alliées;

C comme Conformité *(Compliance)* : la subordination du moi à des forces perçues comme hostiles.

Marston part du principe que l'être humain se comporte selon deux axes, selon qu'il a tendance à être plutôt « actif » ou « passif » et selon qu'il perçoit un environnement comme hostile ou favorable.

En plaçant ces axes à angle droit, quatre quadrants sont formés, chacun englobant un type de comportement.

Marston décrit en détail ces quatre *primary emotions* qui concernent toute personne appréhendée dans une dimension « normale », d'où le titre de son ouvrage *Les Émotions des gens normaux*, comme si, sous une apparente normalité, se révélaient déjà des différences majeures.

La théorie DISC de Marston concerne la conjonction de ces deux axes qui détermine ces quatre types de réactions.

Environnement perçu comme Hostile

	Passif	Actif
Hostile	Conformité (Compliance)	Dominance (Dominance)
Favorable	Stabilité (Steadiness)	Influence (Inducement)

Environnement perçu comme Favorable

Caractéristique fondamentale de la Dominance : déterminé, agressif, prenant des risques, aimant les challenges et les difficultés. Son **action** se tournera vers tout ce qui lui permettra de se mesurer, de se confronter. Mieux, il recherche ce qui est difficile avec le défi de l'assumer. Si l'environnement est trop facile, il cherchera un environnement plus confrontant.

Caractéristique fondamentale de la Conformité : analytique, précis, rationnel, formel. Sa **passivité** se manifestera particulièrement dans l'environnement par excellence contre lequel nous ne pouvons rien : celui des lois et des sciences. Ainsi, c'est en se conformant aux lois de la pesanteur et de l'aérodynamique et en s'appuyant sur celles-ci que les ingénieurs ont pu créer les avions.

Caractéristique fondamentale de l'Influence : relationnel, optimiste, expansif, communicatif. Son **action** se fait donc sous forme de ralliement à lui, que ce soit par la séduction, l'incitation, mais toujours dans la gaieté. Tout ce qui lui permettra de communiquer dans le plaisir est bon. Et si l'environnement est trop confrontant, à l'inverse de la Dominance, il cherchera un environnement plus facile.

Caractéristique fondamentale de la Stabilité : calme, consensuel, stable, cohérent et méthodique. Tout ce qui lui permettra de contribuer à l'harmonie et à la paix sera le bienvenu.

Applications possibles

Le DISC était, à l'origine, dédié au recrutement. De plus en plus de méthodes pédagogiques s'y réfèrent et l'utilisent dans la formation (vente, management), la communication relationnelle et le team-building.

Apports et limites

Un des apports fondamentaux du DISC est son caractère simple et opérationnel qui est en même temps sa limite.

Le risque le plus important – et grave – est d'isoler chacune des quatre composantes D, I, S et C en les caricaturant (D élevé, C bas) sans prendre en compte leur intensité ainsi que la dynamique de ces quatre composantes entre elles. Ainsi, des approches dérivées définissent, en les nommant différemment, quatre grandes typologies, créant ainsi une réduction de l'être humain qui va à l'inverse des milliers de combinaisons possibles de ces quatre composantes.

Les conseils de l'expert

On dénombre plusieurs questionnaires DISC aux États-Unis où ce modèle est très répandu, sans compter les nombreuses approches qui s'y réfèrent sans le dire en modifiant simplement le nom des quatre comportements tout en reprenant leurs caractéristiques, sans même utiliser de questionnaire. Bien vérifier les sources de la méthode DISC utilisée car il y a dans ce domaine comme partout ailleurs du bon... et du moins bon.

« Comment ça marche »

Un questionnaire DISC a été conçu afin de permettre de déterminer les différentes tendances d'une personne en mesurant l'intensité des quatre comportements.

Une première ébauche (Activity Vector Analysis) avait été réalisée par un certain Walter Clarke qui avait passé sa thèse de doctorat sous la supervision de Marston, mais c'est un de ses anciens collègues de travail, John Cleaver, qui créa le questionnaire initial DISC dans les années 1960 encore utilisé de nos jours sous une forme plus ou moins édulcorée.

L'originalité de ce questionnaire, composé de 24 items, est qu'il détermine, pour chaque personne l'ayant complété, deux graphes, parmi des milliers de possibilités, reprenant les quatre composantes D, I, S et C analysées chacune sur une échelle allant de 0 à 100, auquel s'ajoutait initialement un graphe moyen qui les synthétisait.

Le premier graphe concerne le comportement « Naturel » de la personne. Le second graphe concerne son comportement « Adapté » manifesté en réponse à son environnement. La plus ou moins grande différence entre les deux permet ainsi d'analyser la dynamique de cette personne en relation avec son environnement.

D'autres questionnaires ont été élaborés par la suite par d'autres personnes en référence à ce questionnaire originel auquel ils sont restés plus ou moins fidèles quand ils n'en sont pas très différents.

Une très grande importance doit être donnée à la restitution orale d'un questionnaire complété pour permettre de nuancer cette approche afin de favoriser une appropriation optimale.

Témoignage

« J'ai expérimenté il y a longtemps la méthode DISC lors de mon recrutement en entreprise et l'ai trouvée très pertinente bien qu'il n'y avait pas de profil rédigé. Tout était fondé sur une restitution orale en tête-à-tête.

Je me suis aperçu par la suite qu'elle faisait l'objet de plusieurs versions la rendant plus conviviale en utilisant les couleurs et enrichie en termes d'indicateurs, de positionnement sur une Roue et d'items très concrets applicables dans la vie de tous les jours. C'est une de ces approches que j'utilise quotidiennement dans mon activité de manager des personnes et des équipes mais aussi de formateur en vente en complément de mon activité de recrutement » (Christian, manager d'équipes commerciales).

Repères bibliographiques

Marston William M., *Emotions of normal people (1928)*, International Library of Psychology, Routledge, 2000.

Marston William M., *Integrative Psychology (1931)*, International Library of Psychology, Routledge, 2000.

Munsell Albert Henry, *A Color Notation (1941)*, Munsell Color Company.

Fabart Patrice, *Révélez le manager qui est en vous !*, EMS, coll. « Pratiques d'entreprises », 2008.

MÉTHODE SCHUTZ - L'ÉLÉMENT HUMAIN®

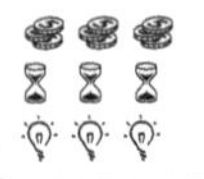

Mieux se connaître
Améliorer sa relation à l'autre
Stress, émotion
Développer son estime de soi

Laurence MORYOUSSEF
Cabinet Manadoxe.
Coach et intervenante en résolution de problèmes humains, individuels et d'équipe.

HISTORIQUE ET AUTEUR

C'est dans les années 1950 que Will Schutz, américain d'origine autrichienne, psychologue et statisticien, développe à la demande de l'armée américaine un test qui vise à prédire la compatibilité de caractère entre les individus dans les équipes. Jugeant son approche trop rigide, il rejoint l'Institut Esalen, haut lieu californien du développement personnel et bâtit progressivement une méthodologie de développement du potentiel humain à partir de trois postulats : la conscience de soi, la détermination personnelle et l'authenticité dans sa relation à soi et autres, approche qu'il va ensuite introduire en tant que consultant dans le monde économique.

DESCRIPTION DE L'ÉLÉMENT HUMAIN ®

Cette méthode qui place l'estime de soi au cœur de la performance des individus et des organisations repose sur un travail individuel conduit en groupe et, parallèlement, sur un travail d'équipe conduit à partir de chacun. Le tout s'appuie sur une pédagogie à cinq dimensions :

- autoperception,
- questionnaires,
- feedback,
- imagerie mentale,
- mise en mouvements physique.

Cet ensemble sert de support d'interactions entre participants. Il permet à chacun de préciser, devant et avec les autres, simultanément, là où il en est aujourd'hui et là où il aimerait être. Chaque participant creuse ainsi en profondeur les « trois dimensions fondamentales du fonctionnement humain » :

- l'inclusion pour recevoir de l'attention : suis-je dans le groupe ou hors de lui ?
- le contrôle : suis-je au-dessus ou endessous dans les relations de pouvoir et d'influence ?
- l'ouverture : suis-je ouvert ou fermé dans l'expression de ce que je vis ?

Et ce, sur trois aspects de plus en plus impliquant personnellement : le comportement, le ressenti et le soi.

Aspects	Inclusion	Contrôle	Ouverture
Comportements	Inclusion (en dedans ou En dehors du groupe)	Contrôle, être pris en charge (au-dessus ou en dessous)	Ouverture (ouvert ou fermé)
Ressenti	Importance	Compétence	Digne d'être aimé
Soi	Présence, vivant	Autodétermination	Conscience de soi
Peur	Ignoré	Humilié	Rejeté

Partant du principe que tous les comportements dérivent de l'estime de soi, Schutz travaille sur les peurs, liées à la perception que nous avons de nous-mêmes et du comportement des autres. Ces peurs alimentent nos mécanismes de défense. Pour les surmonter, un seul remède : la vérité, simplificateur des relations. Il suffit d'observer, dans les entreprises, le temps passé et l'énergie gaspillée à décider de mentir, se souvenir de ce qu'il fallait ne pas dire et des sujets qu'il fallait éviter, imaginer comment présenter les mensonges, essayer de deviner les mensonges des autres, éviter les situations où les mensonges risqueraient d'être révélés et reconstruire les situations environnantes pour rendre les mensonges plausibles.

D'autres principes régissent cette méthode : chacun détermine sa propre vie ou choisit de ne pas choisir. La simplicité est valorisée : le plus simple est le mieux. Les êtres humains n'ont pas de limite à leur potentiel.

L'objectif de la méthode est de favoriser la création d'équipes ouvertes où la confiance entre les individus devient facteur de performance. Elle se veut intégrative de toutes les problématiques humaines qui existent au sein des organisations. Elle permet ainsi à chacun de clarifier l'atmosphère de travail qui lui convient, afin d'identifier le niveau de compatibilité d'atmosphère entre collaborateurs. En outre, elle évalue avec le concept de centralité s'il est important, ou non, que différentes fonctions dans une équipe travaillent bien ensemble. Enfin, cette méthodologie développe la prise de décision par concordance, c'est-à-dire un « oui » sincère partagé par tous, mobilisateur de chacun et inducteur de créativité.

Au final, pour Will Schutz, le travail d'équipe est favorisé par la capacité de chacun à dire ses peurs, à se confronter à la vérité, à prendre du pouvoir, à se sentir responsable à 100 % de ce qui arrive à l'équipe, à prendre les décisions avec créativité. L'éthique est là par le simple fait que les personnes se sentent bien avec elles-mêmes.

Applications possibles

- Analyser ses comportements et ses impacts sur autrui.
- Accroître son estime de soi.
- Optimiser la composition des équipes.
- Développer la confiance mutuelle au sein d'une équipe.
- Accroître sa lucidité dans la cohésion et la coopération.
- Faciliter des choix cohérents et durables dans les équipes.

Apports et limites

L'outil est extrêmement puissant en tant qu'appui au développement personnel. Il joue sur toutes les palettes du travail individuel en groupe. En focalisant sur la façon dont chacun entre et est en relation avec autrui, sans volonté normative ou stigmatisante, il se distingue des autres modèles de connaissance de soi ou de communication. Sur l'aspect managérial, raison d'être de l'outil, il est précieux pour aider une équipe à faire tomber les barrières personnelles. Après Lehmann Brothers, on peut en revanche s'interroger sur le bien-fondé de la « concordance » et de la vision optimiste de l'entreprise comme espace de développement du potentiel humain ou comme lieu de décision participative. Aucun rêve n'est interdit.

Les conseils de l'expert

Davantage centré sur les processus que sur les apports conceptuels, plus proche de l'expérience à vivre que d'une formation théorique, l'Élément humain doit être découvert avec un professionnel expérimenté, familier du travail de groupe, des dimensions thérapeutiques personnelles et dépourvu de jugement normatif sur les individus ou les équipes. Il convient d'autant plus d'être vigilant à cet aspect que ce modèle, dont les droits de diffusion et d'exploitation en France viennent d'être renégociés, connaît actuellement une nouvelle jeunesse et donc un effet de mode. Par ailleurs, même si cet outil se veut performant pour les équipes, le meilleur moyen de ne pas être déçu en s'y formant est d'abord et avant tout d'y aller pour son propre développement personnel.

« Comment ça marche »

Il faut compter quatre jours de formation pour vivre la méthode, et vingt jours pour commencer à l'utiliser. Monique Sellès, représentant The Schutz Compagny en France, organise régulièrement des séminaires de formation à l'élément humain®.

Témoignage

« À la suite de ces quatre journées de formation à l'Élément humain®, je suis reparti en me promettant d'être plus transparent vis-à-vis de mon manager ; lui dire plus ce que je pense, plutôt que de baisser les bras en me disant que tout est joué d'avance et que je n'aurai aucune influence sur lui » (Jacques-Olivier, manager dans le service public).

Repères bibliographiques

Schutz Will, *L'Élément humain. Comprendre le lien entre estime de soi, confiance et performance*, InterÉditions, 2006.

14

L'ENNÉAGRAMME

Mieux se connaître
Améliorer sa relation à l'autre
Manager et motiver les personnes et les équipes
Communiquer

Par Didier KAHN

Consultant, coach, et formateur en management, carrière, et développement personnel, appliquant l'Ennéagramme depuis plusieurs années auprès des particuliers et entreprises.

Historique et auteur

L'Ennéagramme est une grille de lecture des personnalités à partir des motivations. D'origine très ancienne, elle est apparue au grand jour dans les années 1960. Elle est validée par des psychologues patentés.

Description de l'Ennéagramme

Représentation

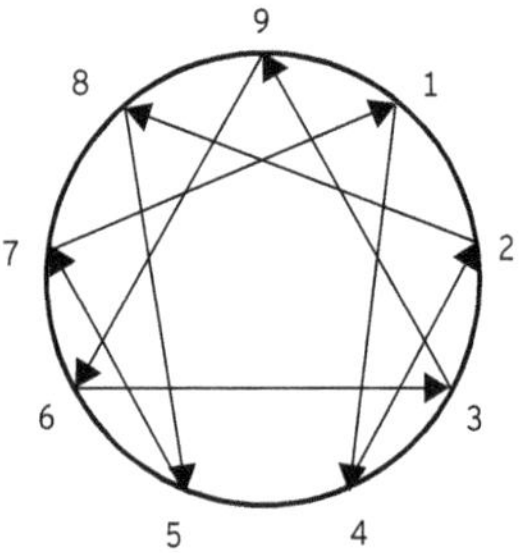

Une personnalité se compose de quatre bases : sa base principale, numérotée de 1 à 9, deux autres bases reliées par des flèches, et une des deux bases adjacentes. Les flèches indiquent comment nous fonctionnons sous stress et en sécurité.

Selon l'Ennéagramme, un individu se construit autour d'un évitement destiné à combattre la peur et à obtenir de la reconnaissance.

- **La base 1** cherche à éviter l'erreur. Perfectionniste, soucieuse de qualité, exigeante, elle aime être reconnue pour son professionnalisme.
- **La base 2** cherche à éviter le rejet pour être aimée. Elle aime le contact et être reconnue pour sa capacité à aider les autres.
- **La base 3** cherche à éviter l'échec. Tournée vers la réussite, entreprenante, elle aime être reconnue pour ses succès.
- **La base 4** cherche à éviter la banalité. Elle aime se sentir reconnue pour son originalité et sa créativité, souvent artistique.
- **La base 5** cherche à éviter l'envahissement et le vide intérieur. Elle se protège par le retrait et le savoir. Elle aime être reconnue pour ses connaissances.
- **La base 6** cherche à éviter ce qui sort des normes, des règles, pour se sentir en sécurité. Elle aime être reconnue pour sa loyauté, sa fiabilité, et sa convivialité.
- **La base 7** cherche à éviter la souffrance. Elle est tournée vers le futur et la recherche du plaisir. Elle a besoin de choix. Elle aime être reconnue pour sa créativité et son allant.
- **La base 8** cherche à éviter la faiblesse. Elle aime être reconnue pour sa force et son courage. Elle est proactive, rapide et imaginative. C'est une personne de pouvoir, qui a besoin de contrôler.
- **La base 9** cherche à éviter le conflit, et à être reconnue pour sa modération. Elle recherche l'harmonie et fait souvent un excellent médiateur.

Applications possibles

- Adopter une bonne communication.
- Motiver, éviter les conflits.
- Avoir un style de management adapté.
- Distribuer les tâches.
- Constituer des équipes à profils complémentaires.

Quelques pistes managériales :

- avec une base 1 : faire preuve de professionnalisme, donner des informations, soigner les détails. La féliciter pour la qualité de son travail, sans emphase. Éviter de trop la critiquer : elle sait très bien le faire toute seule !
- avec une base 2 : communiquer en douceur, privilégier le travail d'équipe, lui confier des tâches liées à l'humain ;
- avec une base 3 : lui confier des tâches qui apportent un succès visible. La féliciter pour ses résultats et son dynamisme ;
- avec une base 4 : lui confier des tâches où elle peut faire un apport original, faire appel à sa créativité et à son sens artistique. Très émotive ;
- avec une base 5 : éviter de la mettre sous pression. Privilégier le travail individuel. Lui confier des tâches d'études. La féliciter pour ses connaissances ;
- avec une base 6 : privilégier le travail en groupe. Lui donner des objectifs clairs, des informations précises, un environnement stable et organisé. Tenir parole ;
- avec une base 7 : la mettre avec des gens positifs. Lui confier des tâches variées, où elle peut exercer sa créativité, des nouveaux projets, et lui laisser de la liberté ;
- avec une base 8 : lui donner des responsabilités et de l'autonomie. Dans votre communication, aller « droit au but » ;
- avec une base 9 : communiquer calmement. Éviter de la mettre dans une ambiance conflictuelle et de lui mettre la pression du temps.

Apports et limites

L'Ennéagramme est un outil complet, facile d'accès, adapté au développement personnel et au management.

Toutefois, il ne peut prendre en compte toutes les facettes d'un individu : éducation, vécu professionnel, etc. Il faut donc se garder de prédictions hâtives à partir de comportements immédiats.

Les conseils de l'expert

Certains auteurs attribuent des qualificatifs aux bases : perfectionniste pour la 1, altruiste pour la 2, etc. Cela induit un jugement de valeur préjudiciable à l'objectivité. Nous préconisons d'utiliser les numéros, plus neutres.

Le repérage d'un profil n'est pas facile, car de prime abord nous avons l'impression d'appartenir à plusieurs bases ! Vous pouvez passer des tests, mais leur fiabilité est discutable. Commencez plutôt par vous observer après avoir lu en détail les caractéristiques de chaque base. Mais le mieux est de faire appel à un professionnel, ce qui limite le risque d'erreur. Son questionnement vous servira aussi d'apprentissage pour le repérage. Également, il dispose d'un catalogue d'exercices pour vous faire évoluer.

« Comment ça marche »

Pour découvrir votre profil, vous pouvez passer un des nombreux tests en ligne. Nous vous recommandons, sinon, le test disponible dans le livre de David Daniels cité en fin de chapitre.

Nous vous conseillons plutôt de recourir à un praticien patenté, certifié à l'Ennéagramme, pour établir votre profil.

Pour aller plus loin, il est possible de se former à l'outil. Plusieurs organismes proposent des formations courtes ou longues, diplômantes ou non. Les tarifs vont de quelques centaines à plusieurs milliers d'euros.

Enfin, nous vous proposons en fin de chapitre une sélection de livres sur l'Ennéagramme adaptée au management.

Témoignage

« Je me suis initié à l'Ennéagramme sur les conseils d'un coach, après avoir repéré et utilisé mon propre profil, puis par des lectures et une formation.

J'ai d'abord constaté sur moi que "ça marchait" tant dans ma vie privée que professionnelle, et j'ai été épaté d'entendre certaines personnes "réciter le bouquin" de leur typologie, ce qui a confirmé ma première impression quant à la validité et la pertinence de l'outil.

En tant que DRH, je l'ai introduit dans la formation des managers, lesquels s'en servent avec succès dans leurs applications professionnelles. Je suis toujours étonné de la facilité avec laquelle ils s'approprient cet outil» (Raymond P., DRH de PME).

Repères bibliographiques

Salmon Éric, *ABC de l'Ennéagramme*, éditions Grancher, 2003.

Daniels David et Price Virginia, *Trouver rapidement son profil Ennéagramme et savoir qu'en faire*, InterÉditions, 2004.

Palmer Helen, *La force de l'Ennéagramme*, InterÉditions, 2003.

Chabreuil Fabien et Patricia, *Comprendre et gérer les neuf types de personnalité*, Dunod, 2002.

LA MÉTHODE ESPERE®

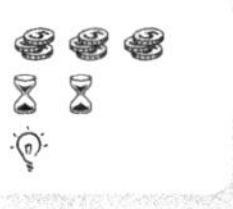

Améliorer sa relation à l'autre
Communiquer
Résoudre les conflits
Leadership et performance
Stress, émotion
Développer son estime de soi

Bruno ADLER
Consultant et formateur en entreprises depuis plus de vingt ans sur des missions d'accompagnement du changement et coach individuel et d'équipe depuis plus de dix ans.

Historique et auteur

La méthode ESPERE® est un corpus théorique et pratique, formalisé par le psychosociologue Jacques Salomé, au cours d'une vingtaine d'années de pratique en tant que formateur en relations humaines.

Elle relève de l'expérience de vie (personnelle et professionnelle) de son auteur et s'appuie sur des valeurs humanistes qui trouvent leurs fondements théoriques dans le mouvement du développement personnel qui s'est implanté en France depuis les années 1970.

La méthode ESPERE® est avant tout une approche d'ordre pédagogique et formatrice qui a pour but de nous permettre de devenir plus conscients de la part d'implication personnelle que nous engageons dans nos échanges avec les autres.

Description de la méthode ESPERE®

ESPERE® est un acronyme qui se décline de la façon suivante :
E comme Énergie
S comme Spécifique
P comme Pour une
E comme Écologie
R comme Relationnelle
E comme Essentielle (ou à l'École)

Principales étapes de l'apprentissage ESPERE®

- Repérage du système antirelationnel (SAPPE) dans lequel nous baignons et que nous transmettons.
- Conscientisation de notre propre participation à ce système et invitation à pratiquer une meilleure hygiène relationnelle personnelle.
- Actualisation dans notre quotidien.

Les concepts clés de la méthode ESPERE® en environnement professionnel

- Comprendre nos modes de fonctionnement : en ayant recours à la «visualisation» des situations vécues.
- S'autoresponsabiliser : parler et penser par implication de soi et non sur l'autre.
- Distinguer les différents types de relation en environnement professionnel : soi à soi - fonction à fonction - personne à personne - amicale.
- Repérer les émotions qui nous submergent : colère, peur, tristesse, joie, surprise.
- Identifier nos ressentis, causes du réactionnel : impuissance, injustice, trahison, abandon, rejet, humiliation.
- Développer la capacité à passer du réactionnel vers le relationnel.
- Satisfaire nos besoins relationnels humains : se dire, être entendu, être reconnu, être valorisé.
- Se respecter et respecter l'autre. Prendre le risque de s'affirmer sans attendre l'approbation de l'autre et sans rechercher systématiquement le consensus.

Pour comprendre nos modes de fonctionnement et se positionner : visualisation, symbolisation et actualisation

1. Choisir un événement marquant
Exemple : en réunion de service j'ai été interrompu par mes supérieurs hiérarchiques lors de la présentation d'un projet.

2. Décrire le contexte de la situation
Exemple : dans la salle du conseil en présence de tout le staff, j'ai démarré ma présentation, mes supérieurs hiérarchiques échangeaient entre eux,

puis le responsable de département dit : « Ce projet n'est pas prioritaire, ne nous faites pas perdre du temps avec des détails » ; mon boss n'a rien dit. Je me suis tu, laissant le collaborateur suivant s'exprimer.

3. Retrouver la ou les émotions qui se sont manifestées
Exemple : je fus déstabilisé (Surprise) et déçu (Tristesse).

4. Représenter la scène avec des objets symboliques
La visualisation isole le comportement de « l'autre » et les émotions du sujet. Elle permet de distinguer ce qui appartient à la relation professionnelle (exemple : traiter des sujets prioritaires), de ce qui est de l'ordre de la relation interpersonnelle (exemple : faire taire son N-2).

SYMBOLISATION

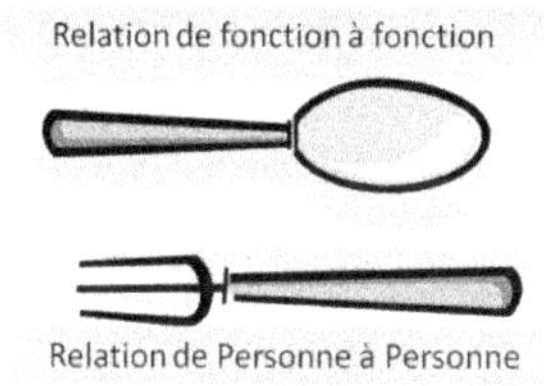

5. Identifier le ressenti qui est la cause de l'émotion
Le comportement et les propos de « l'autre » sont considérés comme éléments déclencheurs, la cause provient de ma façon habituelle de ressentir ce type d'événement, nous pouvons ainsi nous responsabiliser sur le réactionnel (exemple : mutisme) qui suit la scène.

Exemple : la dévalorisation accentuée par l'effet de surprise fait ressentir un blocage comme une boule dans la gorge causé par un sentiment d'impuissance.

6. Le problème étant bien posé et clarifié, il est alors possible de **rechercher des solutions constructives** en imaginant une nouvelle version de la scène.

   Exemple : Je bois un verre d'eau pour faire redescendre la tension, puis confirme la position de « l'autre » sans la juger et me positionne sans m'opposer : « J'entends que pour vous ce projet n'est pas prioritaire, pour moi il s'agit d'un travail sur lequel nous nous investissons beaucoup et j'ai besoin de le présenter maintenant ou à un moment plus opportun. »

Applications possibles

Conflits relationnels, difficultés à se positionner vis-à-vis d'une personne ou d'un groupe.

Apports et limites

La méthode ESPERE® associe un ensemble de repères, de concepts, d'outils ou de médiations qui visent à apprendre à communiquer dans l'ouverture aux autres et le respect de soi, tout en étant/devenant, sujet, acteur, auteur de l'essentiel de ses besoins relationnels.

Son usage suppose d'adopter des concepts différents de ceux que nous pratiquons au quotidien, il s'agit donc de dépasser nos croyances, principes, jugements. Ne pas chercher à changer l'autre, mais à changer soi-même.

Les conseils de l'expert

Décortiquer les situations difficiles réellement vécues pour être au plus juste de nos réflexes de déclenchement du « réactionnel » au détriment du « relationnel ».

Échanger avec un « pair » sur l'analyse des situations et la recherche de solutions pour bénéficier d'un regard objectif.

S'entraîner à l'occasion de situations aisées pour maîtriser la nouvelle approche, puis mettre en pratique en situation délicate.

Être un émetteur authentique sans se préoccuper du regard de l'autre.

Être un récepteur empathique sans juger, en acceptant que l'autre soit libre de sa pensée.

« Comment ça marche »

Adopter l'approche ESPERE®, c'est acquérir de nouveaux réflexes de communication. Nous recommandons donc :

- d'écrire les comportements et émotions vécus dans une situation difficile juste après l'événement ;
- de scénariser ces situations dans des moments de calme ;
- d'appliquer l'approche à chaque occasion simple de la vie (exemple : au guichet de La Poste) ;
- de persévérer dans le nouveau mode de communication qui s'acquiert en pratiquant.

Témoignage

« Depuis ma nomination, j'avais du mal à m'affirmer dans mon poste. J'ai pris conscience grâce à la méthode ESPERE® de ce qui se passait chez moi dans des situations où je devais me positionner (exemple plus haut). Après plusieurs entraînements dans mon club de sport avec des copains "chahuteurs", je me suis risqué à m'affirmer auprès de mes collègues puis de mes supérieurs. Lors du dernier entretien d'évaluation avec mon boss, celui-ci m'a félicité d'avoir maintenant endossé "le manteau" de chef de projet » (Olivier, chef de projet informatique d'un grand laboratoire pharmaceutique).

Repères bibliographiques

Salomé Jacques, *Pour ne plus vivre sur la planète Taire*, Albin Michel, 2003 (ou DVD du même titre).

Salomé Jacques, *Le Courage d'être soi*, Pocket, 2007.

Rogers Carl, *Développement de la personne*, InterÉditions, 2005.

Rosenberg Marchall B., *Les mots sont des fenêtres (ou des murs)*, La Découverte, 2004.

Vidéos : *www.dailymotion.com/video/x85fgj_jacques-salome-repond-aux-questions_news*

LE FEEDBACK OU RÉTROACTION

Améliorer sa relation à l'autre
Manager et motiver les personnes et les équipes
Communiquer
Résoudre les conflits
Mener des entretiens efficaces

Par Frédéric DEMARQUET
Consultant, formateur, coach, expert en management, communication, développement perso-professionnel et pédagogie.

Historique et auteur

L'utilisation du feedback dans le champ de la communication interpersonnelle trouve son origine dans les travaux de l'école de Palo Alto dans les années 1950, sous la direction de Gregory Bateson. À cette époque, un groupe de chercheurs pluridisciplinaires s'est constitué dans la petite ville californienne de Palo Alto et leurs travaux ont abouti à développer ce que l'on appelle encore aujourd'hui la « communication moderne ».

L'idée de feedback va prendre naissance au cours de recherches sur l'armement et plus particulièrement sur la fabrication de missiles à tête chercheuse. Des scientifiques eurent l'idée d'installer sur le missile un émetteur qui allait renseigner la base de lancement sur sa position par rapport à sa cible, en temps réel. La base pouvait alors corriger la position. On peut donc dire qu'une communication circulaire s'installait entre le missile et la base, communication tournée vers un objectif : l'atteinte de la cible.

Ces chercheurs se sont inspirés de systèmes existant déjà dans les systèmes vivants (système immunitaire, écologie planétaire...) qu'ils ont modélisés afin de réaliser leurs propres objectifs. La force du mouvement de Palo Alto a été de modéliser, à partir d'observations issues de sciences variées, une approche nouvelle de la communication qui va révolutionner notre manière de nous représenter les interactions entre individus.

Description du feedback

Imaginons une série d'interactions entre A et B.

A adresse un message à B qui le reçoit, l'analyse et renvoie à A un message en retour. Le message que renvoie B va alors être écouté par A et ce message va le renseigner sur deux choses : d'une part, sur comment B a reçu son message et, d'autre part, sur comment lui-même a émis le message.

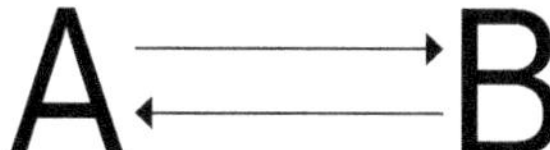

Tenir compte du feedback dans les interactions avec ses interlocuteurs implique d'élargir sa grille de lecture habituelle et, entre autres, de tenir compte des messages non verbaux et paraverbaux qui nous sont adressés. Les messages non verbaux étant ceux émis par le comportement corporel et les messages paraverbaux ceux émis par le comportement vocal. Cela implique donc de développer une écoute globale des messages émis et de se poser deux questions :

- suis-je réellement en écoute des messages émis par l'autre ou bien suis-je en écoute de mon propre référentiel ?
- que me dit l'autre quand il me dit ça comme ça ?

Tenir compte du feedback, c'est se mettre en empathie avec son interlocuteur, se mettre à sa place, afin de mieux le comprendre et se faire comprendre, et donc de s'assurer d'atteindre ses objectifs communicationnels. Cela implique de prendre du recul, de la hauteur sur les interactions. Écouter le feedback permet d'affiner les informations transmises et celles réellement reçues par mon interlocuteur.

Applications possibles

Les utilisations de cette méthode ou approche de la communication sont quasi infinies :

- recherche d'informations ;
- communication en situation tendue ;
- arbitrage ou médiation de conflits ;
- mise en place d'objectifs ;

- animation de réunions;
- brainstorming;
- accompagnement du changement...

Apports et limites

Cette méthode, outre qu'elle permet d'atteindre ses divers objectifs avec davantage de sécurité, va permettre de créer du lien avec ses collaborateurs. En effet, nos collaborateurs ont besoin de se sentir écoutés et compris et ce mode d'interactions va les conforter dans ce sens. Ce mode de communication permet de ne pas s'opposer et d'éviter de générer du conflit ou de la rancœur de la part de ses collaborateurs.

Bien sûr, utiliser cette méthode peut prendre un peu plus de temps et c'est pourquoi il semble opportun de l'utiliser dans les situations à forts enjeux. Néanmoins, avec un peu d'entraînement, des réflexes vont vite pouvoir se développer et l'utilisation deviendra moins coûteuse en temps. Quoi qu'il en soit, il apparaît bien souvent que le temps passé à une communication efficace entraîne un gain de temps dans les situations futures.

Les conseils de l'expert

Le conseil majeur que nous aimerions exprimer ici est de ne pas tomber dans le piège de vouloir absolument tout comprendre de l'autre et des interactions avec lui. En effet, il reste toujours une large part d'inconnu dans la communication et il est fondamental de la respecter et de ne pas vouloir trop contrôler. Utiliser le feedback doit au contraire se faire dans l'idée que l'on ne sait pas et que l'on cherche à en savoir un peu plus. C'est donc une posture de curiosité qui ne doit pas se transformer en une position intrusive.

« Comment ça marche »

Ne pas avoir peur au début de ne plus écouter tout le contenu apporté par l'autre : se concentrer sur le feedback comportemental peut empêcher d'écouter le fond du message. La forme du message est au moins aussi importante que le fond et, avec l'entraînement, on parvient à écouter l'autre « globalement ».

Lorsqu'on commence à utiliser la méthode, il vaut mieux ne pas le faire en temps réel et commencer par se poser les deux questions fondamentales après une série d'interactions afin d'auto-évaluer sa posture et de diagnostiquer son mode d'écoute de l'autre et du feedback.

Une fois le diagnostic fait, commencer à écouter l'autre différemment dans les interactions suivantes tout en gardant du recul sur son propre comportement.

S'entraîner régulièrement pour adopter progressivement une posture naturelle.

Témoignage

« Au cours de la formation, l'apport sur l'utilisation du feedback en communication a été pour moi fondamental. Il m'a en effet permis de prendre du recul sur les situations interactionnelles avec mes collaborateurs. J'utilise cet outil de plus en plus fréquemment dans des situations très variées. Il me permet d'éviter les situations difficiles auxquelles j'ai pu être confronté dans le passé et, après un temps d'adaptation, je constate un gain de temps et d'efficacité important. Travaillant dans un service de ressources humaines, je recommande aujourd'hui cette formation à de nombreux collaborateurs » (Thomas B., chargé des ressources humaines).

Repères bibliographiques

WITTEZAELE Jean-Jacques et GARCIA Teresa, *À la recherche de l'école de Palo Alto*, Le Seuil, 1992.

MARC Edmond et PICARD Dominique, *L'École de Palo Alto*, Retz, 2004.

BALTA François et MULLER Jean-Louis, *La systémique avec les mots de tous les jours*, ESF, 2004.

LA GESTALT

Mieux se connaître
Stress, émotion

Robert STAHL
Coach certifié PCC par ICF – International Coach Federation, et Gestalt praticien (EPG – École parisienne de Gestalt).

Historique et auteurs

La Gestalt est un courant de la psychothérapie créé dans les années 1940 par Fritz Perls, psychiatre et psychanalyste allemand émigré en Afrique du Sud. Elle s'est diffusée quand il s'est installé aux États-Unis, lors de la publication de son ouvrage fondateur, *Gestalt-Thérapy* (2 tomes) coécrit avec Paul Goodman et Ralph Hefferline, paru en 1951.

Dans les années 1960-1970, Fritz Perls rejoint Esalen (Californie), lieu de développement et de diffusion de nombreuses thérapies. La Gestalt s'est depuis largement développée en France et dans le monde.

Description de la Gestalt

Nous passons notre temps à donner forme à ce que nous vivons en nous et en lien avec tout ce qui nous entoure. En lisant ce texte, tandis que vous êtes mobilisé sur le sens des mots et que vous êtes conscient de votre difficulté à digérer votre dernier repas, peut-être ne « voyez-vous » pas le grain de la page de papier, la caractéristique des caractères employés, ou ne « ressentez-vous » pas l'énervement qu'il vous reste d'un incident récent : vous avez « composé » une « forme » (en allemand : *gestalt*), la vôtre. Le travail en Gestalt va consister en un élargissement de conscience et prendre en compte ou non, en liberté, des informations, des expériences, des ressentis dont on ne tenait pas compte auparavant.

En partant de ce que l'on veut revisiter ou de ce qui est là sur le moment, le « travail » en Gestalt se fera donc essentiellement dans

« l'ici et maintenant », attentif à « ce qui se passe », le « comment ça se passe » (la façon d'entrer en contact avec l'environnement, d'être en relation avec soi, avec l'autre, avec les autres), sans s'intéresser aux « pourquoi », et permettre de trouver le meilleur « ajustement créateur » dans sa vie. On est ainsi invité à tenir compte de l'ensemble de toutes les dimensions, physiques, émotionnelles, cognitives, sociales et spirituelles de la personne (*cf.* le Pentagramme de Ginger ci-dessous)

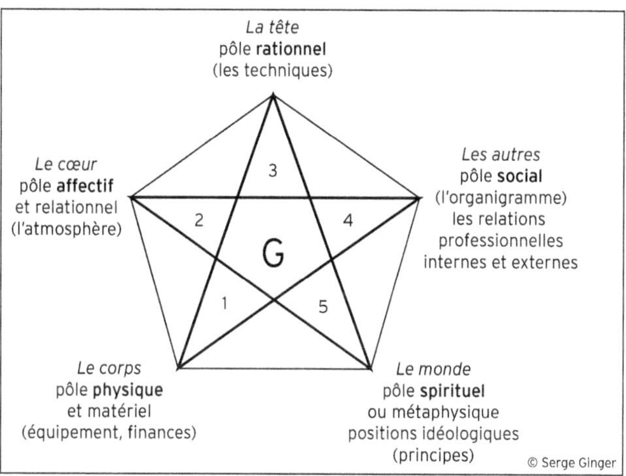

Applications possibles

La Gestalt se pratique en individuel ou en groupe.

En individuel, les séances durent de quarante-cinq minutes à une heure (thérapie), de une à deux heures trente (coaching). Le principal « outil » du thérapeute/du coach est lui-même, en particulier ce qu'il ressent à l'écoute de son « client » qu'il accompagne.

En groupe, le séminaire dure deux à trois jours successifs. De 8 à 12 personnes de tous horizons se retrouvent pour travailler avec un thérapeute ou un coach. Chacun son tour travaille devant le groupe et bénéficie du soutien du groupe et des retours de chaque participant.

Apports et limites

La démarche permet de progresser dans la prise en compte de la globalité de la personne, que ce soit pour elle-même ou pour sa relation aux autres, en particulier par un élargissement de prise de conscience de tout ce qui se joue dans la relation.

La Gestalt est peu connue des clients, des entreprises et cela peut donner quelques appréhensions de leur part. En effet, comme souvent en coaching, une bonne partie de ce qui est «travaillé» touche des éléments intimes de la personne : son projet de vie, sa façon de communiquer, la manière dont elle se situe par rapport aux autres, etc. Des éléments qui ne seront pas toujours exprimés, lors d'un entretien annuel par exemple. La démarche restera infructueuse si la personne ne s'implique pas, si elle reste spectatrice de la démarche. Si elle s'implique, des résultats visibles seront au rendez-vous, mais pas toujours là où on les attendait : elle va trouver un nouvel «ajustement créateur», c'est-à-dire, suivant les cas, mieux s'adapter ou trouver une façon créative de s'ajuster à son environnement professionnel/personnel.

Les conseils de l'expert

Cette approche vient prendre à rebours les personnes «cerveau gauche» (le mental) ou qui pensent qu'on peut laisser les émotions «au vestiaire». Elles prennent ainsi conscience qu'elles ont aussi un «cerveau droit», et que les émotions jouent un rôle dans les relations.

Suggestion : ne pas lire d'ouvrage avant de commencer pour se laisser surprendre, ne pas «vouloir» tout maîtriser...

«Comment ça marche»

1. Autoprescription : cas idéal. La personne y aborde les thèmes qu'elle souhaite évoquer.
2. Prescription pour un(e) collègue : possible que si la personne le décide. L'inviter à venir avec une problématique personnelle identifiée (en thérapie, le prescripteur n'a pas à en connaître la teneur).
3. Thérapie ou coaching : en thérapie, il s'agit de soigner ses blessures, celles dont on a conscience et celles dont on prend conscience.

En coaching, il s'agit de dynamiser son évolution et de se développer, soi et ses projets. Ces deux aspects sont particulièrement bien exposés dans le livre *Trouver la force d'oser* (*cf.* bibliographie).

4. Choisir son thérapeute/son coach, en évitant d'être dans la logique de celui qui « fait son marché ». Question à se poser : vais-je me sentir en confiance avec ce professionnel ? Questions à poser au professionnel :
   - est-il formé ?
   - est-il reconnu par ses pairs (« titulaire » d'une fédération de psychothérapeutes ou « certifié » d'une fédération de coachs) ?
   - est-il supervisé (pour prendre avec un superviseur la « bonne distance » par rapport aux personnes qu'il accompagne) ?
5. En groupe, il peut être intéressant de s'inscrire à un stage en résidentiel : la formation y gagne en intensité.

Témoignage

Pierre, directeur, était en difficulté par rapport à V., collaborateur qui prenait des décisions inconsidérées. Pierre souhaitait préparer un entretien au cours duquel il remettrait un avertissement écrit à V.

« Nous avons préparé l'entretien lors d'une séance de coaching. [...] Nous avons joué des mises en situation. Le coach a mis en évidence que la situation présente faisait remonter des situations plus anciennes qui polluaient la relation que j'avais avec V.

Être en face de V me stimulait des peurs anciennes comme :

- ne pas faire ce qu'il faut comme il faut ;
- ne pas savoir discerner la solution juste ;
- peur d'affronter la colère ou l'opposition...

Le travail avec le coach m'a permis de :

- rédiger l'avertissement ;
- trouver les faits sur lesquels je pourrais m'appuyer et me raccrocher dans tout échange avec V ;
- me convaincre que j'étais légitime dans mon poste et ma manière de faire avec lui ;
- me préparer à la confrontation avec V.

La confrontation a eu lieu ensuite. Bien ancrée dans ma légitimité, elle s'est bien déroulée » (Pierrette, utilisatrice).

Repères bibliographiques

Ginger Serge et Anne (1987), *La Gestalt, une thérapie du contact*, Hommes et Groupes éditeurs, 8e édition mise à jour 2006.

Ginger Serge (1995), *La Gestalt, l'art du contact - Nouvelle approche optimiste des rapports humains*, Marabout pratiques, 10e édition 2009.

Grosjean Daniel et Sauzède Jean-Paul, *Trouver la force d'oser - 8 étapes pour faire tomber ses peurs et vivre pleinement*, InterÉditions, 2006.

Masquelier Gonzague (1999), *Vouloir sa vie - La Gestalt-thérapie aujourd'hui*, Retz, 3e édition 2008.

Robine Jean-Marie, *La Gestalt-thérapie*, Éditions Morisset, coll. « Essentialis », 1994.

18

LE GOLDEN®

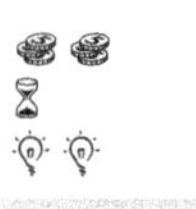

Mieux se connaître
Améliorer sa relation à l'autre
Communiquer
Résoudre les conflits
Stress, émotion
Développer son estime de soi

Par Jean-Marc TERREL

Coach et formateur de coachs, formateur en management commercial et en développement personnel et professionnel. Praticien certifié Golden.

Historique et auteur

L'étude de la personnalité est une préoccupation qui remonte à l'Antiquité. Tout en s'inscrivant dans le courant de démarches fondées sur les typologies de Carl Gustav Jung[1], l'Inventaire typologique de développement de Golden®, diffusé en France par les ECPA[2], représente une deuxième génération d'outils bénéficiant d'apports récents de différents courants de la psychologie.

C'est le professeur John P. Golden, dirigeant de l'ORA (Organizational Renewal Associates), éditeur de tests et cabinet conseil, qui est chargé de la conception et du développement du Golden®, dénommé Profiler® aux États-Unis.

Description de Golden®

Le Golden® propose une double approche de la personnalité. Il combine les approches des types psychologiques et celle des traits de personnalité.

1. Carl Gustav Jung, médecin, psychiatre, psychologue et essayiste suisse (1875-1961) est le fondateur du courant de la psychologie analytique dans la continuité puis en rupture avec Freud. Ses travaux notamment sur les archétypes ont inspiré de nombreuses approches comportementales du XXe siècle.
2. Éditions du Centre de psychologie appliquée.

Cet inventaire s'adresse à des adultes et peut être administré en passation individuelle ou collective. Les passations sont volontaires et les résultats confidentiels.

Les dimensions de Jung, extraversion/introversion, sensation/intuition, pensée/sentiment, sont le socle du Golden®. Une quatrième dimension, implicite, a été spécifiquement développée : organisation/adaptation. Et une cinquième dimension, tendu/serein, ajoutée.

Les sujets découvrent alors 4 à 16 familles typologiques réparties dans 5 dimensions bipolaires de la personnalité (soit une dimension de plus que son proche parent, le MBTI®, *cf.* page 140).

Préférences psychologiques Les 16 types		SENSATION		INTUITION				
		Pensée	Sentiment	Sentiment	Pensée			
INTRO-VERSION	Organisation	ISTZ	ISFZ	INFZ	INTZ	Serein	Tendu	STABILITÉ ÉMOTIONNELLE
	Adaptation	ISTA	ISFA	INFA	INTA			
EXTRA-VERSION	Adaptation	ESTA	ESFA	ENFA	ENTA			
	Organisation	ESTZ	ESFZ	ENFZ	ENTZ			

Les cinq dimensions du Golden se déclinent en 18 sous-échelles bipolaires qui permettent une compréhension plus *approfondie* de soi et donnent lieu à un profil parfaitement *unique*.

Extraversion/Introversion
Expansif/Tranquille
Audacieux/Réservé
Ouvert/Secret
Participatif/Retenu

Sensation/Intuition
Factuel/Abstrait
Pragmatique/Innovateur
Traditionnel/Original
Classique/Précurseur

Pensée/Sentiment
Impartial/Empathique
Détaché/Compatissant
Logique/Subjectif
Combatif/Coopérant

Organisation/Adaptation
Plannificateur/Flexible
Structuré/Souple
Circonspect/Spontané
Conformiste/Non-conformiste

Tendu/Serein
Soucieux/Optimiste
Inquiet/Assuré

Applications possibles

Le Golden® peut être utilisé dans le cadre de démarches d'*accompagnement* individuel ou d'équipe, comme base de réflexion autour des thèmes suivants :

- orientation professionnelle ;
- conduite du changement ;
- évolution du management ;
- cohésion d'équipe ;
- créativité et de développement des ressources dans l'organisation, etc.

Apports et limites

Le Golden® est une approche complète qui permet d'appréhender la personnalité sous ses différentes facettes. Il n'y a pas de bons ou de mauvais profils.

Il est particulièrement adapté à la tranche des 40-50 ans, période de la vie ou les changements personnels et professionnels sont souvent importants.

Il permet aux membres d'une équipe de savoir se positionner en fonction d'un modèle de personnalité commun et de prévenir les situations conflictuelles.

Il aide à gérer la tension entre nos oppositions et nos contradictions, qui est toujours une source d'évolution et de développement. En prendre conscience nous permet de changer ce que nous souhaitons.

L'utilisation consciente du Golden amène à constater que les différences de personnalité sont toujours positives et constructives à moyen et à long terme.

Le Golden® ne mesure ni l'intelligence ni les compétences. Il n'est donc pas adapté dans le cadre du recrutement et de l'évaluation.

Les conseils de l'expert

Il existe pléthore d'outils gratuits sur le Web qui s'inspirent des typologies de C. G. Jung. Je les déconseille car ils sont souvent incomplets, ne respectent pas le processus d'autopositionnement du sujet et portent à de fausses interprétations.
Attention, par conséquent, à ne pas confondre «l'outil» et «l'accompagnement» : l'outil n'est qu'un moyen au service d'une relation, cadrée par un professionnel; relation dans le contexte de laquelle le véritable changement se produit.
Penser également toujours à demander copie des certifications Golden du consultant afin de vous adresser à un véritable professionnel.

« COMMENT ÇA MARCHE »

Au début, le matériel de passation comprend un questionnaire comportant 140 questions qui est donné sans aucune explication ou définition aux questions posées, afin d'éviter d'influencer le sujet. Il demande de trente à soixante minutes à remplir.

Le consultant présente ensuite les notions de préférences, de polarité et d'intensité qui nous amènent à posséder des modalités de fonctionnement privilégiées et nuancées; même si chacun est également capable d'utiliser des modalités non préférées dans certaines circonstances.

Le score de l'inventaire ne sera remis au sujet qu'*après* son autopositionnement dans un profil, à titre d'aide à la décision. Le sujet pourra alors valider ou non son choix et se positionner sur une carte des types avec l'ensemble du groupe.

À partir de là, des exercices sont proposés afin que chacun constate ses points communs et ses différences avec le groupe, ses points de tension, ainsi que les contributions particulières que chacun peut apporter à l'équipe en fonction de son type.

- Au niveau individuel, deux journées suffisent souvent pour comprendre et appréhender les possibilités du Golden®.
- Quelques semaines après, il est très intéressant de réunir à nouveau l'équipe pour évaluer les progrès individuels et la façon dont le Golden® a facilité l'évolution de la culture d'entreprise.

- Une spécialisation de deux journées complémentaires est possible pour les managers.

TÉMOIGNAGE

« Tout le service a suivi la formation au Golden® et depuis je dois dire que les relations se sont nettement approfondies. Non seulement nous avons compris nos points de tension, mais nous avons aussi appris à respecter et accepter les contributions des différents types. Cela a eu un impact direct sur l'amélioration de nos performances individuelles et collectives par une meilleure adaptation au stress. Personnellement, le Golden® m'a permis de mieux comprendre certains de mes comportements et de mettre des mots sur mes points forts et mes pistes de développement. Mes interactions relationnelles en sont grandement facilitées. Une formation que je recommande sans réserve » (Dominique L., DRH).

RÉFÉRENCES BIBLIOGRAPHIQUES

JUNG Carl Gustav et JAFFÉ Aniela (1971), *Ma vie*, Livre de Poche, 1991.

JUNG Carl Gustav (1964), *L'Homme et ses symboles*, Robert Laffont, 2002.

ALLPORT Gordon (1970), *Structure et développement de la personnalité*, Delachaux et Niestlé, 1970.

LE MANAGEMENT SITUATIONNEL SELON HERSEY BLANCHARD

Manager et motiver les personnes et les équipes

Par Philippe FORSKI

Consultant et formateur en management et management de projet. Spécialisé dans les projets complexes, transversaux et multiculturels.

HISTORIQUE ET AUTEUR

Paul Hersey et Ken Blanchard ont popularisé une théorie aujourd'hui largement répandue qui pose le principe d'un management nécessairement « flexible ». Le manager doit adapter son management selon ses collaborateurs et la situation dans laquelle ils se trouvent. C'est le management situationnel. Il constitue une réponse et une évolution du modèle proposé par Robert Blake et Jane Mouton (cf. page 23). Il se distingue du modèle de Blake et Mouton en réfutant l'idée d'un style de management optimal, en lui opposant l'idée que, selon les situations, l'efficacité des différents styles de management peut varier. Le management situationnel est aujourd'hui « un grand classique » qui est présenté dans la grande majorité des séminaires et formations sur le management.

DESCRIPTION DU MANAGAMENT SITUATIONNEL

Le modèle de Hersey et Blanchard définit des modes de leadership à mettre en œuvre selon le niveau de maturité des collaborateurs.

Il définit la maturité d'un collaborateur comme la réunion de sa compétence et de sa motivation (engagement).

Quatre niveaux de maturité sont ainsi définis :

- D1, maturité faible : collaborateurs peu compétents et peu motivés ;

- D2, maturité moyenne-faible : collaborateurs peu compétents mais motivés;
- D3, maturité moyenne-élevée : collaborateurs compétents mais peu motivés;
- D4, maturité élevée : collaborateurs compétents et motivés.

Ces niveaux de maturité constituent des tendances, qui ne sont pas statiques, et qui évoluent avec le temps dans un sens comme dans l'autre. Cependant Hersey et Blanchard évoquent un cycle vertueux d'amélioration de l'autonomie des collaborateurs que le manager doit provoquer et accompagner.

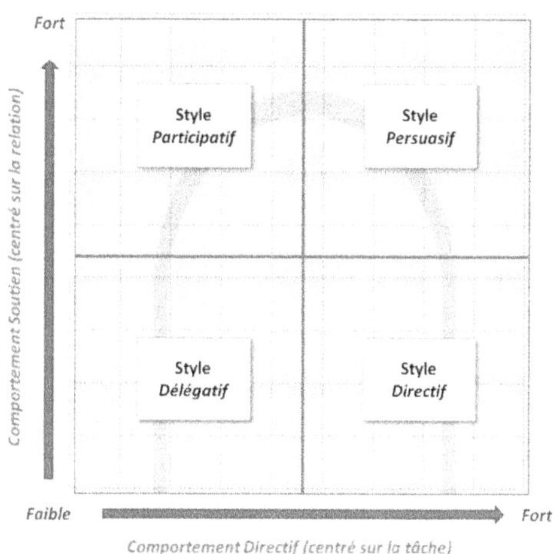

Pour s'adapter au niveau de maturité de son collaborateur, le manager aura le choix de plusieurs styles de management :

- management directif : fixe les objectifs ainsi que les moyens d'y arriver, exerce un contrôle permanent;
- management persuasif : fixe les objectifs, explique comment y arriver. Il permet ainsi au collaborateur d'évoluer dans ses compétences et d'entretenir sa motivation par le temps qu'on lui accorde;

- management participatif : donne l'objectif et questionne sur les moyens d'y arriver, afin de valoriser les compétences et créer les conditions de la motivation;
- management délégatif : donne les objectifs, laisse toute latitude sur les moyens de les atteindre, et précise en amont les conditions de validation de l'atteinte des objectifs.

Selon le niveau de maturité du collaborateur et de la situation, le manager adapte son management. On note que l'on retrouve les mêmes caractéristiques comportementales que chez Blake et Mouton (management plus ou moins orienté sur la tâche ou sur la relation).

Applications possibles

À l'image du modèle de Blake et Mouton, le modèle de Hersey et Blanchard donne au manager un outil d'analyse de ses performances et d'amélioration de ses pratiques.

Il permet au manager d'identifier ses pratiques naturelles, d'analyser leur efficacité en situation et de trouver des pistes d'amélioration.

En montrant l'intérêt d'une analyse préliminaire, il se révèle être un outil particulièrement efficace pour améliorer son management. Non pas en tant que modèle, mais en tant que postulat qui oblige le manager à se poser les questions fondamentales :

- Quelle est la tâche que je délègue ?
- Quelles sont les motivations de mon collaborateur à en prendre la responsabilité (y compris à long terme) ?
- Quelles sont les compétences de mon collaborateur à réaliser cette tâche ?
- Comment adapter mon management, ma communication ?
- ...

Le management situationnel est ainsi particulièrement adapté pour les managers en recherche de solutions pour manager des équipes qu'ils ont le sentiment de « ne pas maîtriser ». Il offre une bonne base de réflexion pour les chefs de projet, et plus généralement pour tout management dit « transversal » ou hors hiérarchie.

Apports et limites

L'apport principal du management situationnel est de faire prendre du recul au manager et lui faire prendre conscience de l'intérêt d'adapter son management aux situations et le « dissuader » d'adopter un management stéréotypé.

Pour le manager, l'acquis fondamental consistera à se doter d'une palette de comportements possibles, d'être plus à l'écoute, et finalement plus autonome dans sa capacité d'analyse et de résolution de ses problèmes quotidiens de management.

De plus, le management situationnel, en se concentrant sur les mécanismes du leadership, apporte une bonne réponse aux besoins de management hors hiérarchie. Il est ainsi une aide utile au manager du changement, pour des actions transversales, pour des organisations en mutation.

Comme pour toute modélisation, il trouve ses limites dans la simplification nécessaire (dans toute théorie) des tenants et aboutissants de l'organisation et de son management. Prendre à la lettre le modèle et faire l'économie d'une analyse *in situ* est le plus sûr moyen de dévoyer le modèle.

Les conseils de l'expert

Utiliser le management situationnel pour mieux déléguer. Le maître mot pour bien intégrer le management situationnel est de réellement circonscrire la tâche à réaliser, l'acteur de la délégation et la situation au temps *t*. Bien se poser la question de la définition de la tâche que l'on doit déléguer est fondamental. Car mal la définir, c'est prendre le risque de se tromper sur les motivations et les compétences du collaborateur à la prendre. Hersey et Blanchard proposent un cycle vertueux de gain d'autonomie du collaborateur. Le manager a cependant intérêt à se reposer la question à chaque fois.

Une bonne formation au management situationnel doit nécessairement intégrer un travail sur des cas réels, suffisamment précis pour que les participants saisissent l'écueil que constitue une mauvaise interprétation du modèle de Hersey et Blanchard.

Bien souvent, leur modèle est appliqué de façon trop générique (y compris dans certains ouvrages spécialisés), ce qui conduit à en oublier la conviction première : tout dépend de la situation.

TÉMOIGNAGE

« J'ai besoin de résultats rapides, et j'agis souvent avec mon équipe en fonction de mes premières impressions. Je réalise qu'il n'y a pas des personnes compétentes et motivées, et d'autres qui sont des "bras cassés". Aujourd'hui, j'ai amélioré l'efficacité de mon équipe en déléguant mieux, la bonne tâche, à la bonne personne, au bon moment… en trouvant le management adéquat » (Hélène, chef de projet dans l'industrie).

REPÈRES BIBLIOGRAPHIQUES

HERSEY Paul et BLANCHARD Ken, *Management of Organizational Behavior – Utilizing Human Resources*, New Jersey, Prentice Hall, 1969.

TISSIER Dominique, *Management situationnel, vers l'autonomie et la responsabilité*, Insep Consulting Éditions, 1997.

LES FACTEURS DE MOTIVATION DE HERZBERG

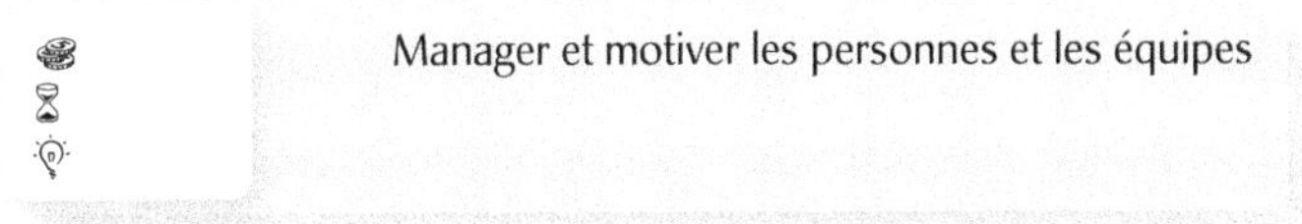

Par Stéphanie IBANEZ-BOUNICAUD
Consultante et formatrice en gestion des ressources humaines et management. Docteur de l'École nationale supérieure d'arts et métiers, spécialité Génie industriel.

Historique et auteur

Frederick Herzberg (1923-2000), psychologue et médecin américain, a travaillé comme consultant interne chez AT&T, le géant des télécommunications. Il a ensuite été professeur à la Western Reserve University de Cleveland. Une de ses citations célèbres : « Une société devient folle lorsque les gens réunis se conduisent de manière insensée. »

Il est connu comme le père de l'enrichissement des tâches, une approche visant à améliorer la créativité et le bien-être de l'individu au travail.

Il met en relation les motivations et les satisfactions au travail et utilise un postulat commun à toutes les théories du besoin : la non-satisfaction du besoin est source de motivation.

Description des facteurs de motivation de Herzberg

Pour Herzberg, la satisfaction n'est pas l'inverse de la non-satisfaction. Il propose donc, pour prendre en compte et intégrer les facteurs de motivation, le principe du *job enrichment* (enrichissement du travail) en expliquant bien qu'en matière de satisfaction, il y a deux sortes de besoins (modèle bi-factoriel) :

- ceux dont l'absence rend l'individu insatisfait : « les facteurs d'hygiène » comme les règlements de l'entreprise, les conditions de travail, le salaire, le statut personnel et la sécurité de l'emploi ;

- ceux dont la présence rend l'individu satisfait : « les facteurs de motivation » comme la réussite, la reconnaissance, la considération, la tâche elle-même, la satisfaction liée à la nature même du travail, la responsabilité, le progrès personnel et la promotion. Selon lui, les trois derniers sont les plus importants.

Herzberg a expliqué par le biais d'une métaphore biblique sa conception : « L'homme a deux sortes de besoins, son besoin animal d'éviter la douleur et son besoin humain de se développer psychologiquement. » Ainsi l'homme au travail poursuit deux buts, il cherche à éviter de souffrir dans son environnement, mais aussi à s'accomplir et à se réaliser dans la tâche à exécuter.

Herzberg considère que les « facteurs de motivation » contribuent à créer une situation psychologique par laquelle l'individu est incité à rechercher la réalisation de soi. Les caractéristiques d'un emploi, appelées « facteurs d'hygiène », sont essentielles pour maintenir un niveau acceptable de satisfaction chez le travailleur, telles que les conditions de travail, le climat de travail, etc. Ces facteurs ne motivent pas en tant que tels, mais ils doivent être présents pour éviter l'accroissement de l'insatisfaction.

La motivation est à rapprocher du contenu des tâches, la réussite, la promotion, l'indépendance et l'autonomie. Le contexte du travail, lui, est à mettre en relation avec la rémunération, les conditions de travail, les relations d'équipe. Le message semble clair : certains facteurs conditionnent la motivation. Il s'agit de l'avancement, des responsabilités, de la nature du travail, de la reconnaissance et de la réalisation de ses capacités.

Pour motiver les gens, Herzberg propose de leur donner un travail qui :

- leur permette de se réaliser ;
- offre donc la possibilité de faire une expérience enrichissante (variée, assez difficile, importante) ;
- comporte une certaine autonomie et des responsabilités.

Autrement, ils n'échapperont pas au cercle vicieux : quand ils ont peu d'intérêt pour leur travail, ils le font mal, ce qui diminue encore son intérêt, etc.

Herzberg pense qu'il convient de donner à l'individu l'occasion de jouer un rôle plus actif dans l'organisation afin d'augmenter sa satisfaction et sa productivité en :

- accordant plus de pouvoirs et plus de liberté aux employés dans l'accomplissement de leur travail;
- faisant le point avec eux;
- introduisant des tâches nouvelles;
- proposant d'acquérir une expertise, et ce en termes de responsabilisation.

On comprend donc mieux la préconisation dans le sens de l'enrichissement du travail et d'une action managériale portant sur les « facteurs de motivation » :

- en confiant plus de responsabilités aux employés;
- en enrichissant les tâches;
- en étendant les responsabilités de l'encadrement;
- en aménageant les horaires.

Applications possibles

Cette approche théorique permet aux managers d'identifier les rouages de la motivation de leurs collaborateurs, notamment d'avoir des indications sur ce qui les satisfait en situation de travail. Exemple d'éclairage en situation de management : pour un individu déjà « satisfait » et qui a l'habitude chaque année d'obtenir une reconnaissance financière faible, même si celle-ci peut lui paraître symbolique, le fait de ne pas l'obtenir une année peut provoquer un mécontentement significatif. Cela peut être illustré par la spirale et la surenchère d'incitations financières auxquelles se livrent parfois certains managers pour assurer la satisfaction de leurs collaborateurs.

Apports et limites

Cette approche met en évidence la valeur différenciée que l'individu attribue aux diverses sources de la motivation. Certains éléments d'ordre hygiénique ont pour vocation de réduire l'insatisfaction et d'autres pouvant être qualifiés de dynamique augmentent l'envie de produire, de se réaliser dans le travail. Elle met en exergue une hiérarchie des besoins allant des plus bas au plus élevés, c'est-à-dire de ceux liés aux conditions d'exercice du travail jusqu'à ceux dont le rôle est le progrès personnel. Elle montre que certains facteurs à la source de la motivation permettent la réduction de tensions, de craintes, de peurs et que d'autres entraînent une stimulation, une mobilisation de l'individu en situation de travail.

Cependant, cette théorie exposant les deux facteurs peut *in fine*, dans son application, alimenter un clivage entre deux catégories de personnes :

- celles qui cherchent à contourner les méfaits dus au milieu imposé par le cadre de leur travail;
- celles qui visent leur propre développement personnel.

Cette approche peut être vue comme trop partielle puisqu'elle dit seulement quels besoins peuvent être à la base d'un comportement, mais jamais quand ni pourquoi la personne se comporterait d'une manière plutôt que d'une autre pour satisfaire tel besoin plutôt que tel autre, ni même à quel moment un besoin est suffisamment satisfait pour qu'elle s'en détourne au profit d'un autre.

Les conseils de l'expert

Sur la base de convictions idéologiques fortes, Herzberg a développé des idées novatrices au service du développement personnel. Le manager devra néanmoins garder à l'esprit les limites de cette approche.

« Comment ça marche »

C'est un éclairage théorique qui permet de donner des clés de lecture aux managers sur les leviers de motivation individuels.

En pratique le manager peut «comprendre» son équipe, l'analyser soit en répartissant les deux types de facteurs selon les besoins différenciés de chaque individu, soit en apportant une réponse aux besoins d'hygiène de chacun en créant les conditions adéquates de son développement personnel.

Témoignage

«J'ai connu les travaux de Frederick Herzberg sur l'enrichissement du travail grâce à une formation en management. J'ai tout de suite compris l'intérêt de cette approche pour des managers comme nous qui devons trouver au quotidien des leviers de motivation pour nos équipes. Dans notre entreprise, l'emploi est sûr pour toute notre carrière, alors il faut trouver des ressorts pour donner des perspectives intéressantes aux uns et aux autres, un épanouissement dans l'activité courante, des responsabilités, un déroulement de carrière captivant [...]. Ce sont de vrais enjeux pour maintenir la motivation et donc un niveau de performance optimal… » (Propos tenus en 2007 par un manager d'un service de production de 150 personnes dans le secteur de l'énergie nucléaire).

Repères bibliographiques

Herzberg Frederick, *The Motivation to Work*, New York, Wiley, 1959.

Herzberg Frederick, *One More Time How Do You Motivate Employees ? - À la recherche des motivations perdues*, Harvard Business Review, 1968.

Herzberg Frederick, *Le travail est la nature de l'homme*, Entreprise moderne d'édition, 1971.

LA ROUE DE HUDSON

Accompagner le changement

François KLEIN
Cabinet Manadoxe. Coach et accompagnateur de changements.

Historique et auteur

Dipômé de l'Université de Columbia, professeur d'universités, Frederic Hudson a fondé en 1986 The Hudson Institute of Santa Barbara, spécialisé dans le coaching, le renouveau de la vie adulte et la résilience. Frederic Hudson est un coach, expert de la formation des adultes, du management et du développement organisationnel.

Description de la roue de Hudson

Pour Frederic Hudson, notre vie se déroule en plusieurs cycles. Dans chaque cycle, il identifie quatre grandes phases, identiques à des saisons. Il parle de chapitres et de transition. Écrire un chapitre se traduit par le fait d'être tourné vers l'extérieur et dans une dynamique d'accomplir, faire, créer, agir, bâtir, avoir des objectifs. Vivre une transition consiste à être centré sur soi avec des tendances à l'introspection et la prise de recul. Ces quatre phases ont le plus souvent des durées différentes pouvant aller de quelques mois à des années.

Cette description s'appuie sur un constat : nos modes de fonctionnement actuels n'ont plus rien à voir avec ceux des précédentes générations. Ainsi, la progression et le développement en cycles ont remplacé la linéarité de l'évolution de nos vies. Par ailleurs, nous sommes aujourd'hui davantage acteurs et responsables de nos choix ; chacun peut construire sa vie, moins déterminée qu'avant par l'ordre social. Autrement dit : nos décisions viennent de l'intérieur de nous-mêmes et plus de l'extérieur. Troisièmement : l'apprentissage tout au long de la vie a remplacé la formation en début de vie. Nous ne cessons d'apprendre. Enfin, nos objectifs s'adaptent constamment. Le changement est constant, pas la constance, avec ce qu'elle comportait de stabilité et de sécurité.

Présentation de la roue du changement

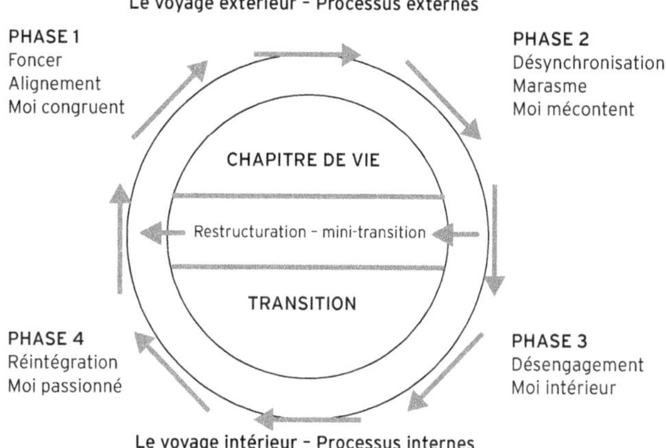

Phase 1 : nous démarrons quelque chose; c'est un nouveau début, le lancement d'un projet, la définition de nouveaux buts. L'énergie est alors porteuse et positive → il peut être intéressant pour chacun de nous d'apprendre à faire durer cette phase.

Phase 2 : nous croyons encore au projet, mais plus comme avant. L'énergie baisse, laissant la place aux doutes, à l'ennui, au manque de satisfaction. À ce stade, soit nous développons une stratégie qui permet de réinjecter de la nouveauté, de la fantaisie et de retrouver de l'énergie dans le projet. Nous retournons ainsi en phase 1. Cette option constitue alors une mini-transition (changement de niveau 1), qui parfois suffit à nous relancer. Soit, *a contrario*, nous pouvons nous sentir acculés et nous nous engouffrons au bout de la phase 2. En fin de phase 2 arrivent la démission intérieure, l'inhibition, l'irritation, le sentiment d'impuissance puis de colère : nous effectuons alors une grande transition (changement de niveau 2) et passons en phase 3.

Phase 3 : le sentiment de doute s'intensifie ouvrant sur la tristesse, la peur, la perte, l'inertie. C'est le temps de l'interrogation sur notre propre identité qui laissera peu à peu place à la renaissance de valeurs fondamentales. Nous savons ce que nous ne voulons plus, mais ignorons encore ce que nous souhaitons vraiment.

Phase 4 : les choses s'éclaircissent, nous retrouvons de la cohérence. Nous sommes créatifs et sortons du tunnel. Notre projet n'est pas encore très clair, mais nous sommes curieux de voir ailleurs. Nous identifions ainsi de nouveaux objectifs.

Si nous détaillons ces quatre grandes phases, nous obtenons alors les étapes suivantes :

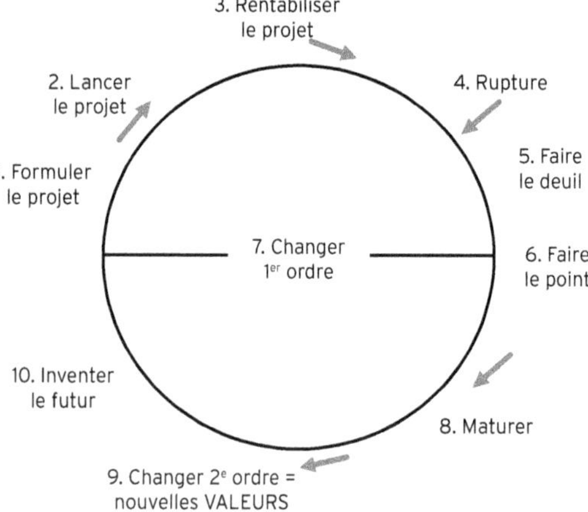

Applications possibles

Ce modèle facilite une certaine compréhension des situations et en même temps invite au questionnement. Dans quelle phase sommes-nous ? Qu'est-ce qui pourrait nous attendre après ? Quels sont les points de vigilance selon les phases ? Comment se sont passées nos précédentes transitions ? Dans quelles phases aimons-nous rester ou sommes-nous facilement bloqués ? Quelle durée, pour quelle phase ?

En tant que manager, la roue de Hudson permet d'élargir sa palette d'actions, en adaptant son management à l'étape dans laquelle se trouve le collaborateur. Exemple : faire expliciter les enjeux en phase 1, favoriser la créativité pour les collaborateurs en phase 10, accueillir les doutes des personnes en phase 5, accepter le cocooning ou repli sur soi des individus en phase 8.

Apports et limites

Le modèle de Hudson peut sembler normatif : une roue qui définit ou prédéfinit toutes les étapes du changement. Il est en réalité dans son intention et dans ses applications éminemment respectueux du processus de chacun. Il n'y a pas d'obligation à changer immédiatement et le rythme de chacun est acceptable. Sa connaissance aide à franchir des étapes difficiles et à prolonger les étapes les plus agréables. Il facilite donc l'acceptation pour nous et nos collaborateurs de moments plus ou moins difficiles à vivre. En revanche, il ne donne pas en lui-même de clés pour sortir d'une phase ou la prolonger. Ces réponses se trouvent ailleurs, en soi ou en complétant avec d'autres modèles.

Les conseils de l'expert

Ce modèle se veut cyclique mais en spirale. À chaque cycle traversé, nous repartons un cran plus haut car nous avons appris quelque chose sur nous, sur nos besoins, nos modes de fonctionnement, nos réussites et nos erreurs. Par ailleurs, il convient d'être attentif au fait que nous pouvons être dans des phases différentes entre le plan personnel et la dimension professionnelle. Exemple : je viens de me marier (phase 1) et je suis au chômage, en réflexion sur ma vie professionnelle (phase 3).

Une dimension très utile de ce modèle repose sur le distinguo existant entre les petites transitions ou les grandes transitions de vie. Pour nous et nos collaborateurs, il est intéressant de questionner le niveau de changement souhaité et souhaitable. Changer de poste ou changer de métier ? Changer de manager ou changer d'entreprise ? Changer de projet ou changer de stratégie ? Autrement dit, chercher à savoir si la satisfaction recherchée s'apparente à un réajustement ou à la recherche d'une énergie nouvelle, avec une remise en question plus profonde.

Témoignage

« La découverte de cette théorie m'a d'abord perturbée sans que je comprenne pourquoi; j'ai ensuite réalisé que pour mon épanouissement professionnel à venir, je ne pouvais pas faire l'économie d'un profond inconfort. Aujourd'hui, je suis ravie d'avoir traversé ce tumulte salvateur » (Morgane E., directrice de clientèle).

Repères Bibliographiques

Hudson Frederic M., *The Handbook of Coaching*, Copyrighted Material, 1999.

Turner Jane et Hévin Bernard, *Construire sa vie adulte*, InterÉditions, 2005.

22

L'HYPNOSE ÉRICKSONNIENNE

Par Francis COLNOT

**Formateur en communication/management/développement personnel.
Coach de dirigeants et d'équipes. Cabinet Atout Coach.**

Historique et auteur

C'est grâce aux travaux du psychiatre et psychologue américain Milton Hyland Erickson (1901-1980), que l'hypnose a suscité un intérêt croissant dans la médecine contemporaine. Considéré comme le père de l'hypnose moderne, Milton Erickson postule que le patient possède en lui les ressources pour trouver les solutions aux difficultés qu'il rencontre.

Description de l'hypnose éricksonnienne

L'auto-hypnose a pour visée d'induire chez l'individu qui la pratique volontairement un état de rêverie (état modifié de la conscience) susceptible de lui permettre une plus grande concentration mentale. Dans cet état particulier, l'esprit critique est comme court-circuité au moyen de suggestions spécifiques (métaphores, anecdotes, etc.), la relaxation du corps s'en trouvant favorisée. L'état hypnotique permet la liaison directe entre conscience et subconscient, de telle sorte que de nouvelles informations peuvent être enregistrées. La résurgence d'images est plus immédiate, les perceptions sont plus aisées, « l'esprit se sent » plus libre. L'hypnose et l'auto-hypnose ne sont cependant en aucun cas synonymes de perte de conscience. Il s'agit plus exactement d'un état d'*éveil paradoxal*. Ainsi l'individu, au cours de la transe hypnotique, comme captivé, vit le moment présent sans jugement critique ni analyse. Il est prêt à vivre une expérience propice à l'émergence de ressources internes utiles à la poursuite de ses activités, une fois revenu à l'état de veille.

Tout travail hypnotique parcourt différentes étapes précises :

- la préparation : elle oriente vers le changement désiré (comportement, perception, compréhension);
- l'induction : elle sert à créer un état général précédant la transe;
- l'approfondissement : il permet, dans la transe elle-même, de produire un phénomène hypnotique spécifique;
- le travail proprement dit : il crée les conditions permettant le changement désiré;
- les suggestions posthypnotiques : elles permettent la généralisation du changement;
- la sortie : elle permet le retour à l'état de veille.

Au cours de la transe, l'individu en hypnose (auto-hypnose) émet des suggestions qui s'ancrent en lui facilement du fait de l'absence d'interférence de la conscience. Il expérimente alors un autre rapport au monde. Il peut ainsi :

- focaliser son attention sur l'objectif à atteindre;
- recadrer son expérience;
- développer sa créativité;
- augmenter ses capacités de concentration;
- développer le lâcher prise;
- explorer/visualiser/ressentir des pistes de solutions.

Applications possibles

L'auto-hypnose permet de puiser en soi les ressources nécessaires à l'atteinte d'un objectif réaliste, réalisable, écologique et concret. Elle n'est ni un remède miracle ni une baguette magique, mais un moyen efficace d'explorer autrement des pistes d'amélioration pour soi : gestion du stress, détente, prise de recul, etc.

Apports et limites

La crainte de l'hypnose est le plus souvent liée à la croyance selon laquelle la transe hypnotique obligerait la personne à prendre des décisions ou à se comporter « malgré elle ». Cela est un mythe. Si l'hypnose permet en effet à la personne de développer des capacités de lâcher prise, de concentration, de relaxation, de visualisation, de prise de contact avec ses ressources internes, celle-ci détient en permanence la possibilité d'interrompre cet état d'éveil paradoxal. La capacité de choix de la conscience est toujours à disposition. Il serait illusoire de croire que l'auto-hypnose est un remède ou LA solution à toute problématique personnelle ou professionnelle.

Les conseils de l'expert

La pratique de l'auto-hypnose, pour aussi tentante qu'elle puisse paraître « à première vue », mérite en amont la compréhension de la démarche même de Milton Erickson au sein d'un mouvement plus large, dit « école de Palo Alto ». L'approche systémique et les différents champs d'intervention y afférant, les techniques, prémisses, outils en matière de communication notamment sont d'un apport considérable au développement de chacun, tant dans les domaines personnels que professionnels.

« Comment ça marche »

L'auto-hypnose nécessite un apprentissage assez simple et requiert de la pratique pour devenir de plus en plus aisée. Au préalable, une initiation sérieuse et déontologique aux différents travaux et apports de l'approche systémique est recommandée pour bien situer cette pratique.

L'auto-hypnose peut se pratiquer quotidiennement ou périodiquement, selon les besoins de la personne et/ou le but poursuivi. Plus elle est pratiquée, plus la transe est rapide, aisée et plus les résultats sont bénéfiques pour le corps et l'esprit. Il existe dans le commerce des CD, dont les extraits musicaux sont particulièrement propices à la pratique de l'hypnose.

Témoignage

« Je poursuivais un cycle à l'approche systémique lorsque j'ai découvert la pratique de l'hypnose, plus précisément de l'auto-hypnose. Celle-ci m'a profondément aidée à surmonter des moments difficiles, notamment de stress dans ma vie professionnelle aussi bien que personnelle. Au début, ça n'a pas été aussi évident que cela, puis peu à peu, la pratique aidant, j'en ai découvert les réels bienfaits. J'y ai recours aussi fréquemment que possible, dès que je suis confrontée à des situations problématiques dont je ne vois pas l'issue. J'y consacre chaque fois trente minutes environ, de manière à retrouver en moi de l'énergie, du calme et des solutions concrètes » (Éliane G., RH dans une entreprise publique).

Repères bibliographiques

Abia Jorge et Robles Teresa, *Apprenons par l'auto-hypnose à cheminer dans la vie*, Satas, 1997.

Erickson Milton H. , *Ma voix t'accompagnera*, HG, 1986.

Erickson Milton H., *Collected Papers*/version française, Satas, 1999.

O'Hanlon W.H. et Martin M., *L'Hypnose orientée solution*, Satas, 1992.

Haley Jay, *Un thérapeute hors du commun : Milton Erickson*, Desclée de Brouwer, 1984.

Roustang François, *Qu'est-ce que l'hypnose ?*, Éditions de Minuit, 1994.

LA SIGNATURE I-LEAD™

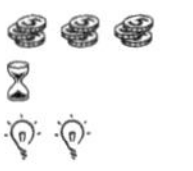

Améliorer sa relation à l'autre
Favoriser la cohésion de l'équipe
Leadership et performance

Par Stéphane MALOCHET

Consultant, coach : formateur en management et développement personnel, il utilise la signature i-Lead pour développer la performance des équipes.

Historique et auteur

Des consultants français, Jacques Eliard, Patrick Ducloux et Yves Joubert, sont partis de l'hypothèse que le développement du leadership demandait une excellente connaissance de soi, une grande capacité à apprendre de ses interactions avec les autres, et une énergie suffisante pour traduire cet apprentissage en actions. Ils ont élaboré au cours d'une période expérimentale de dix-huit mois un modèle qui est devenu la Signature i-Lead™ en 2000.

Le modèle i-Lead est fondé sur l'observation de scénarios comportementaux et cognitifs dans le contexte de l'entreprise (comportements d'affirmation de soi et d'écoute, perception du temps, prise de décision, gestion de situations à enjeu fort, compréhension des autres...). La création du modèle a bénéficié de la réalisation d'un travail antérieur, un système expert destiné à assister certains négociateurs professionnels en cas de crise à enjeu fort. Le traitement des données conduisant à une Signature i-Lead™ utilise la logique floue, domaine d'avancées récentes de la recherche mathématique, qui permet de faire une description réaliste des interactions entre nos schémas cognitifs, en acceptant de prendre en compte des informations apparemment contradictoires (être en même temps orienté action et avoir peur de la confrontation, par exemple).

Description de la Signature i-Lead™

La Signature i-Lead™ permet l'identification de certains de nos schémas cognitifs :

- quatre schémas qui dynamisent notre capacité à apprendre et à transformer cette information en actions - ce sont nos moteurs :
  - recherche de Certitudes,
  - recherche de Reconnaissance,
  - recherche d'Approbation,
  - recherche de Contrôle;
- quatre autres qui la limitent - ce sont nos freins :
  - le Jugement,
  - l'Impuissance,
  - l'Accusation,
  - l'Indifférence.

Ces 8 schémas ont été choisis pour leur impact sur le développement du leadership.

La démarche i-Lead Equipe intègre de façon très pragmatique les pratiques décrites dans *La Cinquième Discipline* (*cf.* bibliographie), qui permettent à une organisation d'apprendre en continu et d'identifier les actions à mettre en œuvre qui auront le plus d'impact sur ses résultats souhaités :

- démarche ouverte permettant de capturer l'intelligence collective d'une équipe;
- démarche structurante libérant les ressources créatrices d'un groupe.

Applications possibles

Voici quelques-unes des applications où i-Lead Equipe donne d'excellents résultats :

- partager une même vision au sein d'un comité de direction;
- remettre une équipe en action après un changement de stratégie;
- le premier acte de management d'un nouveau leader d'équipe;
- fédérer les énergies après une fusion-acquisition;
- fédérer une équipe transculturelle;

L'efficacité optimale - Méthode Arc-en-Ciel©®

La Méthode des Couleurs Arc-en-Ciel©® propose un modèle en quatre étapes pour développer les personnes dans leurs fonctions en vue d'une efficacité optimale dans le management de la complexité, de l'incertitude et de la relativité :

- Première étape : **mieux se connaître** dans ses forces et faiblesses en tant que personne et dans sa fonction professionnelle.
- Deuxième étape : **s'assouplir et se développer** tout en respectant ses limites.
- Troisième étape : **mieux reconnaître les autres** (collaborateurs, collègues, managers) dans leurs forces et faiblesses en tant que personne et dans leur fonction professionnelle.
- Quatrième étape : **intégrer et prendre en compte la situation**.

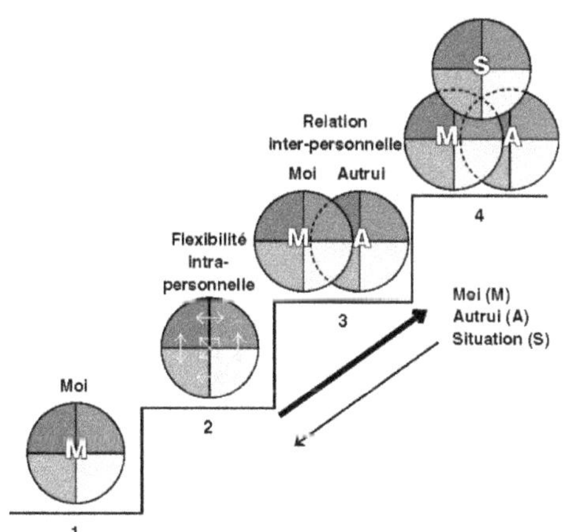

La Roue Arc-en-Ciel - Méthode Arc-en-Ciel©®

C'est un modèle pédagogique simple et efficace qui permet de positionner et de visualiser une personne, une équipe ou une fonction. Ce modèle identifie 68 types de comportements distincts sur une échelle de profondeur qui nuance chacun d'entre eux.

Cette représentation visuelle est elle-même issue d'une matrice faisant apparaître plusieurs milliers de profils différenciés, établie à partir d'un questionnaire simple de 24 questions, le questionnaire DISC d'origine, dont les réponses permettent de distinguer un double positionnement :

- Le style « Naturel » de base du sujet quel que soit son environnement.
- Le style « Adapté » du sujet représentant le comportement que celui-ci manifeste en réponse à son environnement.

Ces deux styles permettent de comprendre la dynamique d'une personne en relation avec son environnement.

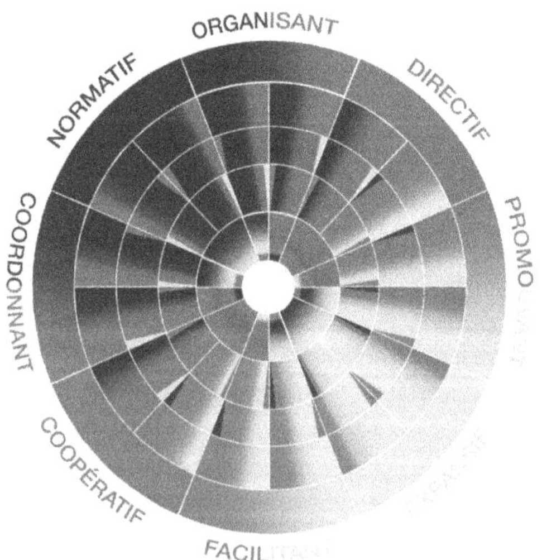

HBDI® - CERVEAU DROIT ET CERVEAU GAUCHE

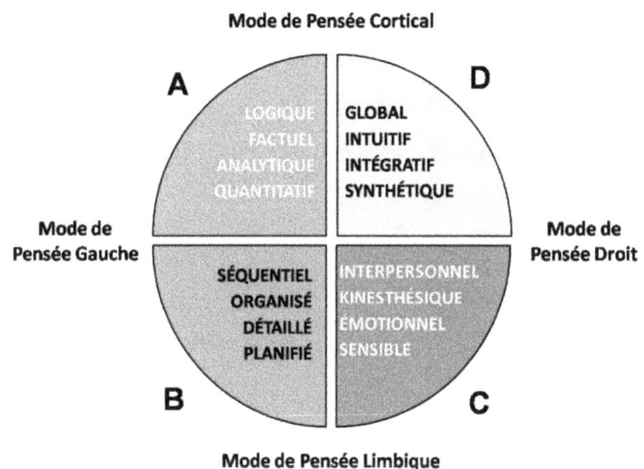

Copyright Hermann International

Chaque individu est une conjonction spécifique et singulière de ces quatre styles de pensée :

- Le quadrant A est plutôt rationnel, critique, réaliste ; il analyse, quantifie, aime les chiffres et l'argent.
- Le quadrant B est plutôt prudent, contrôlé, sécuritaire, organisateur, administrateur et méticuleux.
- Le quadrant C est plutôt émotif, relationnel et verbal.
- Le quadrant D est plutôt global, artistique, imaginatif, stimulé par l'imprévu et il ne craint pas la prise de risques.

Exemple de Profil - HBDI® - CERVEAU DROIT ET CERVEAU GAUCHE

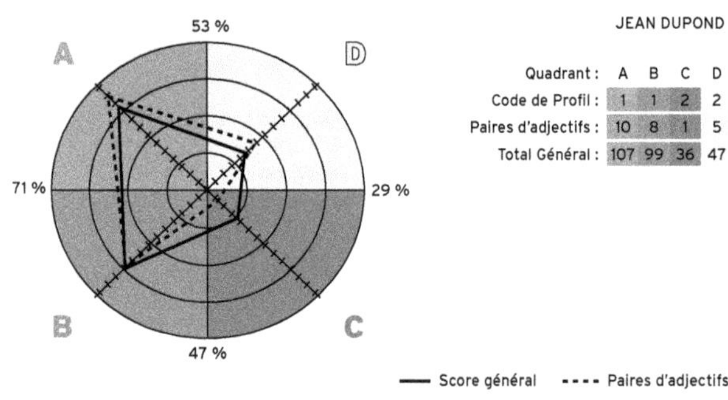

Copyright Hermann International

Exemple : Profil ABCD = 1122

- Le degré 1 (0 à 33 points) = considéré comme un zone d'évitement potentiel
- Le degré 2 (34 à 66 points) = correspond à nos domaines d'activités : ni préférence, ni évitement
- Le degré 3 (67 points et +) = correspond à nos préférences fortes

Dans cet exemple : Profil double dominant dans le mode gauche, utilisant aussi le mode droit ; typologie fréquente chez les hommes et caractéristique des professions techniques, de la finance, de l'administration et de l'encadrement.

La communication s'établit avec un langage clair et une argumentation logique. La résolution de problèmes s'effectue par une analyse factuelle, séquentielle et logique. Les décisions se prennent après examen des faits, contrôle des éléments et questionnement sur les recherches à réaliser.

Les axes de développement porteront sur la concertation, les échanges d'idées, la prise en compte du cadre général et le travail en équipe.

Le Bilan Interqualia®

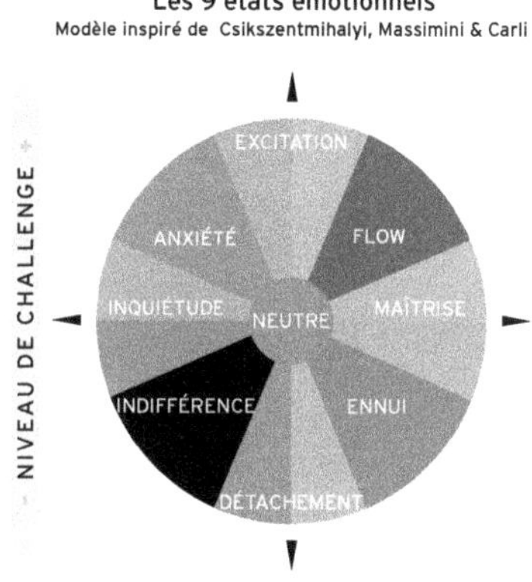

Inspiré du modèle de Csikszentmihalyi, Massimini & Carli - © Interqualia

Sous forme de cercle, la boussole du Flow comporte 9 états émotionnels, dont « l'intensité » résulte des réponses fournies par le collaborateur dans son bilan. Ces 9 états sont :

- l'anxiété ;
- l'excitation ;
- le Flow ;
- l'inquiétude ;
- neutre ;
- la maîtrise ;
- l'indifférence ;
- le détachement ;
- l'ennui.

Ils établissent la cartographie émotionnelle du collaborateur dans l'exercice de ses différentes activités, en fonction du degré de challenge (barre de droite) qu'elles représentent pour lui et la compétence (barre du bas) qu'il estime avoir pour les mener à bien.

La grille socio-dynamique

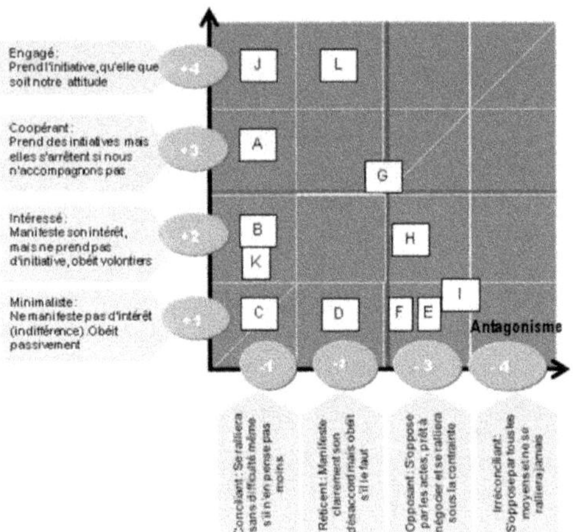

Nous voyons sur ce tableau que le positionnement d'un acteur résulte de la combinaison des deux paramètres. C se situe en (+ 1, – 1) ce qui traduit de sa part un faible intérêt prévisible de l'intéressé pour ce projet.

Ce support montre que le positionnement d'une personne peut s'exprimer par un même niveau d'antagonisme (– 2) mais faire appel à un niveau de synergie fort différent. Sur ce tableau, c'est le cas de L (+ 4,– 2) qui s'avère un allié dans la conduite de ce projet malgré son attitude critique et sa réticence. Ce qui ne sera pas du tout le cas de D dont l'attitude prévisible montre sa faible envie de s'investir (+ 1) et son souci de préserver ses propres intérêts personnels (– 2) sans toutefois s'inscrire dans une attitude contestataire.

LES STYLES SOCIAUX

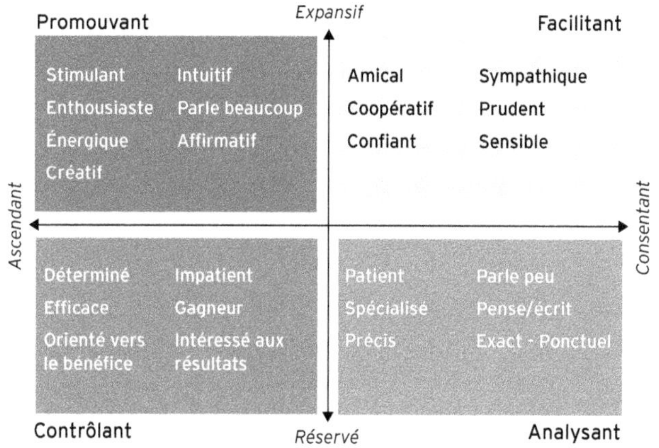

À partir de deux axes comportementaux (expansif/réservé et ascendant/consentant), quatre styles de personnalité ont été identifiés: Promouvant, Facilitant, Analysant et Contrôlant. Nous avons tous un style dominant. Chacun à sa façon oriente la discussion, construit la confiance ou prend une décision. Ainsi, nous pouvons dire qu'il n'y a pas de bon ou de mauvais style. Il existe seulement des comportements qui peuvent être différents d'un individu à l'autre. Cette grille de lecture permet de comprendre en quoi l'autre est différent et de le prendre en compte pour arriver à construire un échange productif. Nous éviterons ainsi les «myopies relationnelles» qui nuisent à la qualité des relations et à l'efficacité des organisations.

La Roue TMS

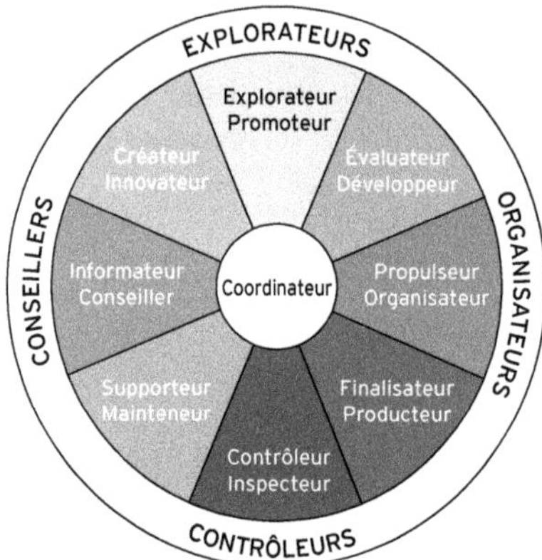

La Roue TMS modélise dans le langage de l'entreprise les 8 fonctions essentielles dans le travail pour réussir, ainsi que les caractéristiques des personnes qui sont le plus apte à les assumer.

Ces 8 fonctions sont les suivantes:

- CONSEILLER: Recueillir et transmettre l'information.
- INNOVER: Susciter et expérimenter de nouvelles idées.
- PROMOUVOIR: Explorer et présenter les opportunités.
- DÉVELOPPER: Évaluer et tester la faisabilité de nouvelles approches.
- ORGANISER: Fixer et mettre en œuvre les conditions de réalisation.
- PRODUIRE: Finaliser et livrer les prestations.
- INSPECTER: Suivre et vérifier le fonctionnement des systèmes.
- MAINTENIR: Préserver et consolider les standards et les processus.

Au centre du Modèle des Fonctions dans le travail se situe la Coordination, essentielle au succès.

- permettre à une équipe commerciale d'élaborer sa stratégie compte-clé.

Apports et limites

Utilisée en équipe, la Signature i-Lead™ est une démarche orientée action dont les apports sont les suivants :

- permettre à une équipe de partager une même vision;
- permettre à une équipe d'articuler clairement ses schémas récurrents qui peuvent la dynamiser ou la freiner, et définir ainsi sa spirale d'excellence;
- connecter une équipe avec ses ressources pour l'aider à se remettre en action et à créer de la valeur;
- donner à une équipe un langage transculturel pour faciliter les interactions entre les personnes;
- apprendre une démarche structurée que l'équipe pourra réutiliser pour améliorer continuellement sa performance.

La Signature i-Lead™ est avant tout un outil de connaissance de soi, qui permet de décrire de façon originale comment chacun d'entre nous gère ses interactions avec autrui. Elle est intéressante pour son aspect dynamique, considérant que nous sommes toujours dans l'apprentissage et dans l'action, et que ces modes de fonctionnement sont toujours perfectibles. La Signature i-Lead™ nous met face à nos schémas répétitifs, et nous permet de faire émerger notre boucle d'excellence, qui est aussi un schéma récurrent vers le succès. La Signature i-Lead™ n'est cependant pas un inventaire de personnalité, elle ne cherche pas à proposer une autre typologie.

Les conseils de l'expert

Dans une Signature individuelle les moteurs et freins interagissent pour constituer un système à la fois dynamique et stable dans le temps. Pour en retirer tout le bénéfice, c'est-à-dire observer la satisfaction d'une évolution personnelle, il est indispensable de se faire accompagner d'un professionnel qui nous aide à progresser en nous posant les bonnes questions. Cela est d'autant plus vrai pour une application d'équipe où les Signatures des différents membres de l'équipe interagissent et se renforcent ou s'opposent, jusqu'à créer un système de normes tacites qui pilotent les modes de fonctionnement de l'équipe.

« Comment ça marche »

Au niveau individuel, la Signature i-Lead™ d'une personne est obtenue après traitement d'un questionnaire en ligne.

Au niveau collectif, les points de passage obligés d'une action i-Lead Equipe sont les suivants :

- clarification de l'enjeu avec le leader de l'équipe;
- entretiens individuels avec les membres de l'équipe;
- l'équipe se réunit alors pour un séminaire de deux jours, au cours desquels elle travaille sur une série d'ateliers :
  - élaboration de la vision partagée de l'équipe. Description de la réalité actuelle,
  - recherche des facteurs clés de succès,
  - mise en évidence de la spirale d'excellence, description des schémas collectifs qui entraînent l'équipe vers le succès.

Témoignage

« Depuis deux ans nous avons appliqué la démarche i-Lead à notre programme de développement des relations clients... Je reste étonnée de la flexibilité avec laquelle l'équipe et le programme sont ajustés pour satisfaire les attentes spécifiques de chacun » (R. W., manager - Strategy and Business Development).

Repères bibliographiques

Senge Peter, *La Cinquième Discipline*, First, 1991.

De Geus Arie, *The Living Company*, Harvard Business School Press, 1997.

Ainsworth-Land Georges T., *Grow or Die*, Wiley, 1973.

Eliard Jacques, *L'ADN du leadership*, Wings, 2004.

24

ACE 360° – L'INTELLIGENCE ÉMOTIONNELLE

Mieux se connaître
Améliorer sa relation à l'autre
Stress, émotion
Développer son estime de soi

Par François PHAM

Consultant spécialisé dans l'accompagnement du changement des organisations au travers de missions de conseil, coaching ou formation/ingénierie pédagogique.

Historique et auteurs

Dans les années 1990, la convergence entre les neurosciences et la psychologie a vu émerger la notion d'intelligence émotionnelle.

Pour Peter Salovey et John Mayer, l'intelligence émotionnelle désigne l'habileté à percevoir et à exprimer les émotions, à les intégrer pour faciliter la pensée, à comprendre et à raisonner avec les émotions, ainsi qu'à réguler les émotions chez soi et chez les autres. Les travaux de Salovey, Mayer et d'autres ont été popularisés en 1995 par Daniel Goleman. Son livre a fait grand bruit car, études à l'appui, il n'hésitait pas à affirmer que l'intelligence émotionnelle est un facteur prédictif du succès professionnel deux fois plus important que l'intellect pur et l'expertise.

En outre, pour Daniel Goleman, plus on occupe un poste élevé dans les organisations, plus les compétences émotionnelles deviennent grandes, au détriment des compétences techniques et de l'expertise. « Le leadership et un management efficaces sont basés sur l'usage intelligent des émotions et de leur incidence sur la réflexion, la prise de décision, la motivation et le comportement. »[1]

Confrontées à des clients qui leur demandaient d'évaluer et de développer la compétence émotionnelle de leurs managers, Frances Tweedy et Cherry Wright du réseau Persona ont développé un 360° basé sur le modèle de compétence émotionnelle décrit par Goleman : ACE (Améliorer sa Compétence Émotionnelle).

1. Caruso et Salovey, 2004.

Description de ACE 360° - L'intelligence émotionnelle

Il n'y a encore pas longtemps, il aurait paru totalement incongru pour un manager de reconnaître qu'il avait éprouvé, face à une situation donnée, telle ou telle émotion et que celle-ci aurait pu altérer ou influer sur ses comportements voire ses décisions.

La représentation idéalisée du manager s'est en effet longtemps apparentée à un personnage rationnel et logique, basant ses décisions sur des faits et gardant son sang-froid pour que les émotions ne viennent pas affecter son jugement. « Partir en vrille », « péter un plomb » : c'est souvent sous un jour négatif que l'on décrit les situations où nos émotions gouvernent nos actes.

Pourtant les recherches démontrent que nos émotions impactent en permanence sur nos comportements et décisions. De même, savoir manager les émotions d'autrui est une des clés de la communication et du leadership.

Le modèle ACE comporte 5 grandes composantes nous permettant de mieux nous manager (composantes dites « personnelles ») et de mieux manager nos relations avec les autres (composantes dites « sociales »).

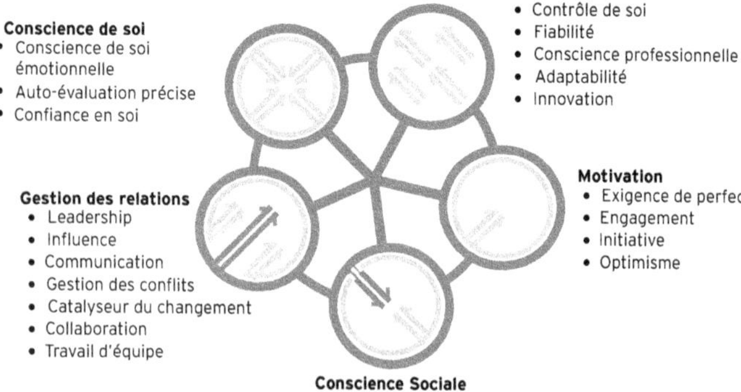

Les compétences personnelles

Conscience de soi

C'est l'aptitude à identifier ses émotions, à comprendre leurs origines et à reconnaître leur impact sur ses performances. C'est aussi connaître ses forces et ses limites et avoir ainsi confiance en soi.

Maîtrise de soi

C'est savoir contrôler ses émotions pour savoir les taire comme les exprimer. C'est faire preuve de fiabilité et de conscience professionnelle et savoir s'adapter aux circonstances et innover face à des situations nouvelles.

Motivation

Ce sont les moteurs personnels qui nous poussent à agir.

Les compétences sociales

Conscience sociale

C'est avant tout notre capacité à comprendre les émotions d'autrui en faisant preuve d'empathie. C'est le «radar social» qui nous permet de développer une réponse adaptée aux besoins de notre environnement.

Gestion des relations

Cette dimension résulte de la conscience des autres dimensions. Elle se traduit notamment par un leadership motivant et la capacité à influencer les groupes et les personnes.

Les compétences émotionnelles s'édifient les unes sur les autres. Ces composantes peuvent être développées tout au long de sa vie et contribuer à améliorer son degré «d'alphabétisation émotionnelle».

Applications possibles

ACE est d'abord un outil de développement personnel. Il permet aux personnes de sortir de leur «engourdissement émotionnel» et de mieux percevoir et comprendre leurs propres émotions.

Cette étape franchie, ACE aide à mieux contrôler ses émotions. Pas uniquement pour les taire si c'est plus raisonnable socialement à l'instant *t*, mais aussi pour savoir les exprimer quand il s'agit de dynamiser une équipe en faisant preuve d'enthousiasme ou témoigner son mécontentement quand il faut recadrer un collaborateur.

Enfin, ACE est une méthode qui développe notre «radar social» en nous permettant de mieux capter et comprendre les émotions et signaux que nous envoie notre environnement relationnel. ACE nous permet de développer notre empathie, notre sens politique et de gagner ainsi en influence et accroître notre leadership au sein de notre organisation. ACE intéresse donc tous les managers hiérarchiques ou fonctionnels, mais aussi les commerciaux.

Apports et limites

ACE repose sur les dernières découvertes en matière de neurosciences et sait faire l'impasse sur le «jargon des psy» qui rebute souvent les personnes. L'outil apporte une mesure permettant des prises de conscience, préalables indispensables à toute évolution.

Mais attention, ACE comme tout véritable 360° est un outil de développement et non pas un outil d'évaluation ni de recrutement.

Les conseils de l'expert

ACE est une méthode de plus en plus prisée pour accompagner le développement des hauts potentiels dans les entreprises. En effet, ACE favorise le développement de la maturité relationnelle des personnes et pas seulement leur agilité intellectuelle.

En combinant approche formative et accompagnement individualisé, six mois suffisent pour améliorer en profondeur ses capacités à mieux comprendre et gérer ses émotions comme celles des autres.

À l'heure où les entreprises doivent élaborer et engager des plans de prévention contre le stress, ACE donne les outils et le savoir-être aux managers pour remettre l'humain et ses émotions au cœur de l'organisation.

« Comment ça marche »

ACE est basé sur des questionnaires de 66 questions renseignés en ligne par le «participant» lui-même et des personnes de son environnement professionnel.

Le traitement informatisé des réponses produit un rapport de 25 pages qui comprend des résultats globaux et détaillés par compétence et question. En plus des résultats chiffrés, ACE apporte des analyses et des recommandations d'action personnalisées. Les résultats sont remis au participant dans le cadre d'un coaching ou lors d'une formation en intra comme en interentreprises.

Témoignage

« La formation au modèle ACE est très bien, le contenu est clair et structuré. La formation n'est pas complexe en termes d'approche et elle a le grand avantage de donner une vision globale de l'interaction des différents éléments de la compétence émotionnelle, les uns par rapport aux autres » (Isabelle M. RH Entreprise Télécommunication).

Repères bibliographiques

Goleman Daniel, *L'Intelligence émotionnelle*, J'ai lu, 2003.

Brackett Marc A., Mayer John et Salovey Peter, *Emotional Intelligence: Key Readings on the Mayer and Salovey Model*, National Professional Resources Inc, 2004.

Steiner Claude, *L'ABC des émotions*, InterÉditions 1998.

Famery Sarah, *Développer son empathie*, Eyrolles, 2007.

LE BILAN INTERQUALIA®

Mieux se connaître
Manager et motiver les personnes et les équipes
Recrutement, mobilité
Mener des entretiens efficaces
Leadership et performance
Stress, émotion

Par Francis COLNOT
Formateur en communication/management/développement personnel. Coach de dirigeants et d'équipes. Cabinet Atout Coach.

Historique et auteur

Le bilan Interqualia® est issu des travaux du psychologue hongrois Mihaly Czikszenihaly, professeur au Claremont College de Californie. Ses études portent sur une approche scientifique de ce que ressentent les individus dans l'exercice de leur activité dans la vie quotidienne. Ses recherches aboutissent notamment au concept de Flow (courant), en tant qu'état psychologique positif optimal que vit un individu lorsque, exerçant une activité, il ressent de la joie, de la créativité et un engagement complet. Ce concept est découvert en 1998 par le professeur Charles-Henri Amherdt, directeur du Crievat (Centre de recherches Interuniversitaires sur l'éducation et la vie au travail) de l'université de Sherbrooke (Canada). Il crée le bilan Interqualia®, permettant d'améliorer le bien-être et la performance au travail.

Description du bilan Interqualia®

Il s'agit d'un outil d'évaluation en entreprise notamment afin de permettre aux managers de recueillir, d'analyser et d'apprécier l'action professionnelle de leurs collaborateurs au cours d'entretiens annuels. Le bilan Interqualia® permet à la fois au manager et au collaborateur ensemble de « situer » ce dernier sur « une carte » précise et détaillée à l'aide d'une boussole, dite « boussole du Flow ». Ils peuvent ainsi établir un bilan objectif des conditions de performance du collaborateur, ouvrir un dialogue constructif intégrant une dynamique de succès et orienter les activités du collaborateur sans perdre de vue la notion de challenge individuel. Ce bilan résulte d'un questionnaire en ligne confidentiel rempli par le collaborateur.

1. Le bilan recense 18 activités pour lesquelles sont proposés au collaborateur 7 niveaux de satisfaction, de « très insatisfaisant » à « très satisfaisant ».

2. À l'issue de ce questionnaire est établie une synthèse écrite et détaillée du bilan Interqualia® débriefée par le manager à son collaborateur, permettant un échange constructif sur l'état émotionnel de ce dernier au travail dans ses différentes activités. En l'occurrence, plusieurs thèmes sont approfondis : implication, compétence, satisfaction professionnelle, degrés de plaisir dans la réalisation de tâches diverses menées par le collaborateur.

3. La synthèse écrite résulte du bilan rempli en ligne par le collaborateur. Elle sert de support à l'échange entre le manager et son collaborateur. Elle met en lumière la perception que celui-ci a de son niveau de satisfaction au travail, de son degré d'implication (motivation, défi, intérêt, plaisir) et de qualification sur la base de 3 variables : compétence, réussite, maîtrise. Elle comporte, pour s'y « repérer », une « carte », sous forme de cercle, comportant 9 états émotionnels, dont « l'intensité » résulte des réponses fournies par le collaborateur dans le bilan rempli en ligne. Ces 9 états établissent la cartographie émotionnelle du collaborateur dans l'exercice de ses différentes activités, en fonction du degré de challenge qu'elles représentent pour lui et la compétence qu'il estime avoir pour les mener à bien.

Les 9 états émotionnels sont :

- l'anxiété,
- l'excitation,
- le flow,
- l'inquiétude,
- neutre,
- la maîtrise,
- l'indifférence,
- le détachement,
- l'ennui.

➤ Voir la figure de la page 5 du cahier central couleur.

4. La boussole du Flow, intégrée à la carte dans le support écrit (synthèse), indique « la position émotionnelle » du collaborateur au travail, étant entendu que la zone de Flow est la plus propice au développement personnel et professionnel de la personne.

Le bilan évalue :

- les compétences non techniques (le savoir-être plutôt que le savoir-faire) du collaborateur ;
- les activités dans lesquelles il est susceptible d'utiliser ses compétences non techniques clés afin de vivre l'état de Flow (état de performance optimale) ;
- les gisements de compétences clés sous-utilisés ou non utilisés qui permettraient l'état de Flow (zone de performance optimale).

Applications possibles

Le bilan Interqualia® trouve des applications en coaching, management et accompagnement professionnel. C'est un outil très utile pour le manager et le collaborateur en entreprise lors des réunions annuelles notamment.

Apports et limites

Le débriefing du bilan nécessite de la part du manager une formation indispensable à l'outil Interqualia® et des compétences relationnelles, notamment d'écoute (posture).

La synthèse du bilan Interqualia rend essentiellement compte des compétences non techniques (savoir-être) du collaborateur et constitue une « photographie » de sa santé émotionnelle au travail. Cet *instantané* doit donner lieu à un échange en vue d'une amélioration acceptée par les deux interlocuteurs.

Les conseils de l'expert

L'utilisation de cette approche nécessite un apprentissage rigoureux et une intégration solide, non seulement de la technique, mais aussi et surtout de la relation à l'autre, en termes d'écoute et plus généralement de posture. Une formation préalable à la PNL peut s'avérer extrêmement utile, voire indispensable, dans le guidage de la conduite du changement.

« Comment ça marche »

Comment le manager peut-il «passer» un bilan Interqualia® lui-même ?

1. Le manager remplit le questionnaire en ligne (code confidentiel);

2. Le coach ou le formateur débriefent en face à face les résultats qui lui sont parvenus.

3. Cet échange spécifique permet au manager, en situation de recul, de prendre conscience de points d'amélioration concrets et précis à mettre en place dans l'exercice de son métier, pour lui-même d'abord (bien-être au travail).

Le manager a la possibilité de se former à ce type d'approche, de manière à appréhender de nouvelles stratégies opérationnelles dans l'exercice de son métier avec ses collaborateurs.

Témoignage

« J'ai passé mon bilan InterQualia® il y a quelques temps. Cela m'avait permis à l'époque de me situer avec précision dans ma vie professionnelle, de mettre en lumière ce qui me motivait et ce qui me démotivait et d'identifier mes talents. Je me suis appuyé sur ce bilan pour prendre de nouvelles orientations.

Aujourd'hui manager, j'utilise InterQualia® pour mes collaborateurs. C'est, pour chacun d'eux, un formidable outil de réflexion et nous pouvons chercher ensemble comment leur permettre d'atteindre leur "Flow". » (Alain B. manager dans le luxe)

Repères bibliographiques

Amherdt Charles-Henri *La Santé émotionnelle au travail*, Demos, 2005.

Czikszenilhalyi Mihaly, *Finding Flow; The psychology of Engagement with Everdyday Life*, New York, HarperCollins, 1993.

Czikszenilhalyi Mihaly, *Creativity : Flow and the Psychology of Discovery and Invention*, New York, HarperCollins, 1996.

LE TRIANGLE DE KARPMAN

Améliorer sa relation à l'autre
Résoudre les conflits

Par Lydie ASSIER

Consultante en performance des organisations et des équipes, après une carrière de cadre en *business development* dans des groupes industriels. Coach certifiée.

Historique et auteur

C'est en 1968 que Stephen Karpman, médecin américain et élève d'Eric Berne, le grand pionnier théoricien de l'Analyse transactionnelle (*cf.* page 11), proposa la description de cette figure portant son nom. Karpman contribua largement aux travaux de conceptualisation et de développement de l'AT. Cette représentation des « jeux de manipulation » s'avéra innovante par le nombre de protagonistes concernés, qui cassait la logique « binaire » de l'Analyse transactionnelle, et par la dynamique qui la caractérise.

Description du triangle de Karpman

Ce jeu est un « stratagème inconscient » dont le nom, « triangle dramatique », doit être appréhendé au sens de théâtral et non de « catastrophique ».

Il met en scène trois rôles symboliques pouvant être portés par une personne (le patron, le DRH, le collègue…), par un collectif (le service d'à côté, le fournisseur, l'informatique) ou par un événement (la grève…).

Sa représentation codifiée positionne le rôle de la victime vers le bas (rôle qui « tient » la figure et s'avère par conséquent le rôle « fort »). Le triangle est équilatéral et la majuscule souligne le caractère « symbolique » des figures représentées.

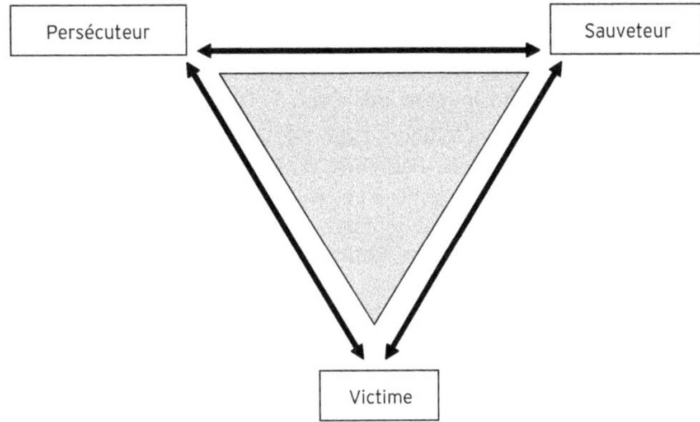

Lorsqu'un des protagonistes joue l'un de ces rôles, il invite l'autre à « entrer dans le jeu »... Il y a en effet « jeu » s'il y a une invitation, suivie d'une acceptation et d'un coup de théâtre. Les trois rôles peuvent être portés simultanément et n'impliquer que deux protagonistes passant d'un rôle à l'autre. Certaines personnes ont une préférence pour l'un ou l'autre rôle en fonction des « bénéfices » qu'elles y trouvent : vérification sécurisante de ses croyances, image positive associée au rôle de sauveteur, sentiment de puissance conféré par le rôle de persécuteur, renforcement de l'attention reçue d'autrui dans le rôle de la victime...

Face à un collègue qui se plaint, nous pouvons prendre le rôle du sauveteur ou du persécuteur, voire alterner : en « venant au secours » face à l'appel que nous captons, nous pouvons finir par nous lasser si la plainte est récurrente et nous comporter en persécuteur impatient... Ce type de retournement est un « coup de théâtre » qui illustre bien l'adjectif « théâtral » donné au triangle de Karpman.

Le rôle clé, sans lequel le scénario ne pourrait se réaliser, est bien celui de la victime. Il est aussi le rôle le plus « gratifiant » en ce qu'il permet de se plaindre de préjudices ou dommages réels ou ressentis. Bien que ce rôle apparaisse de prime abord comme peu enviable, il s'avère parfois salutaire pour enclencher en soi une remise en question.

Le rôle du Persécuteur est celui de l'agresseur ou de l'attaquant. Notons qu'il peut s'agir - comme pour les autres rôles - d'une personne mais aussi d'un événement (réorganisation subie), d'une situation, d'un collectif (autorité, pouvoirs publics, syndicat...). Le Persécuteur peut aussi pousser à la remise en question et par conséquent avoir un effet final positif sur l'objet ou l'enjeu du triangle dramatique.

Parallèlement, dans la figure page 121, le Sauveteur (ou Sauveur) est à égale distance de la Victime et du Persécuteur. C'est le chevalier blanc de la situation. Bien que son rôle puisse apparaître comme positif, il participe souvent au renforcement du « triangle dramatique » et pourrait bien se retrouver Victime à son tour à la faveur d'un autre coup de théâtre...

Applications possibles

Un scénario de type « triangulaire » devient préjudiciable lorsqu'il génère des relations négatives, toxiques pour les protagonistes et leur environnement. En ce cas, il y a de fortes chances que des tensions relationnelles surviennent sans améliorer, le moins du monde, l'objet ou le problème en question.

Être attentif aux situations de type « triangle dramatique » permet de les anticiper, donc de les désamorcer. Cela est également utile dans la vie personnelle et familiale. Par exemple entre le jeune élève victime, le parent sauveteur, l'enseignant persécuteur...

Dans des situations extrêmes, il vaut mieux pratiquer la « fuite », c'est-à-dire trouver par tout moyen une voie de dégagement, notamment avec des personnalités autoritaires pouvant agresser verbalement des tiers appelant chez soi la tendance « victime » ou avec des personnalités en forte demande de sympathie ou d'aide appelant chez soi la tendance « sauveteur ».

En cas de tendance à proposer spontanément une aide, il conviendra de prendre le recul nécessaire, en y associant la victime présumée, pour vérifier si la demande d'aide est explicite, sur quoi elle porte, les moyens que l'aide requiert et s'ils sont accessibles et, enfin, sur quels critères la mission d'aide viendra à son terme.

Apports et limites

Il n'y a pas d'inconvénient à connaître le jeu subtil du « triangle dramatique » car cela nous invite à la vigilance pour nous éviter de tomber dans l'un des trois rôles. Il sera bénéfique d'être à l'écoute de ses tendances préférentielles pour détecter le risque de situations réflexes et le malaise qui en naît immanquablement.

Les conseils de l'expert

Le meilleur moyen pour éviter l'engrenage du « triangle dramatique » est de veiller à ne pas s'y laisser prendre : tout d'abord être attentif à ce qui se joue, ressentir le malaise qui s'installe et va nous alerter, éviter de réagir immédiatement pour se donner le temps d'élaborer et mettre en œuvre une stratégie en fonction des acteurs, de son état d'esprit du moment, des moyens pouvant être mobilisés (humour, reformulation bienveillante, métaphore...).

Avec des tiers familiers de ce concept, il peut être salutaire de prendre de la distance par rapport à une situation et de travailler avec ces protagonistes avertis, en le verbalisant, sur le processus en train de se jouer plutôt que sur l'objet du jeu. Cette situation devient alors une occasion d'apprentissage réciproque et de maturité relationnelle accrue.

Avec des tiers non avertis, c'est au manager, en temps réel, de trouver des voies de verbalisation et de dégagement qui préservent la qualité des interrelations (hiérarchique, collatéral, collaborateur...). Il s'agit en fait de ne pas être « embarqué » à son insu dans des mécanismes relationnels qui nous échappent...

« Comment ça marche »

Nous pouvons endosser l'un des trois rôles du « triangle dramatique », tenir plusieurs rôles à la fois et « faire tourner » les rôles...

Comprendre le mécanisme du triangle dramatique favorise les désamorçages et est immédiatement opérationnel dans la vie de tous les jours.

Témoignage

« Je suis arrivée dans ce poste il y a un mois. J'ai été frappée dès ma prise de fonction par la forte pression que la direction générale mettait sur mon directeur des ventes, et voulant aider ce dernier à surmonter des difficultés apparentes, j'ai tout fait pour travailler avec lui sur les tableaux de bord et ses interventions en comité de direction... pour finalement me rendre compte que cela se retournait contre moi. Avec mon coach, j'ai découvert la figure du triangle dramatique et compris que je me comportais en sauveteur et que je mettais en péril le succès de ma prise de fonction. Je suis sortie de ce jeu et j'ai laissé mon patron gérer le sien, tout le monde s'en porte mieux, à commencer par moi !... » (Brigitte C., chef des ventes).

Repères bibliographiques

Jaoui Gysa et Gourdin Marie-Claude, *Transactions*, InterÉditions, 1982.

Articles originaux sur : www.karpmandramatriangle.com

360° MANAGEMENT - L'ÉVALUATION PROGRÈS PERMANENT

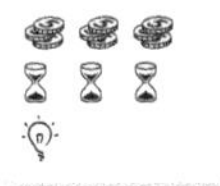

Mieux se connaître
Manager et motiver les personnes et les équipes
Recrutement, mobilité
Mener des entretiens efficaces
Leadership et performance

Par Stéphanie IBANEZ-BOUNICAUD

Consultante et formatrice en gestion des ressources humaines et management. Docteur de l'École nationale supérieure d'arts et métiers (Ensam), spécialité Génie industriel.

Historique et auteur

Aux États-Unis, les premières approches d'évaluation à 360° datent des années 1950 chez Esso Research and Engineering Company (Bracken, Dalton, Jako, McCauley et Pollman). Dès le milieu des années 1990, les DRH d'Europe ont développé leurs propres pratiques. L'Évaluation Progrès Permanent, l'EPP 360, est l'un de ces outils. Il offre une vision analytique et opérationnelle du management. Il a été modélisé par David Ouahnouna, docteur en management, grâce à vingt ans de pratiques et de travaux de recherche effectués au sein du laboratoire CPI - Conception Produit Innovation de l'Ensam/Paris-Tech.

Description du 360 Management

Par le biais d'un questionnaire EPP 360, l'entourage du manager évalue les pratiques managériales de la personne concernée et exprime ses perceptions et son vécu. Sont intégrés dans la démarche :

- les membres de l'équipe (évaluation à 180° vers le bas);
- les pairs (N', N''... collatéraux);
- la hiérarchie (évaluation à 180° vers le haut).

L'EPP 360 peut être étendu à d'autres parties prenantes comme les clients et les fournisseurs. Cette mesure est mise en perspective avec une auto-évaluation effectuée en amont.

Le questionnaire est adapté au terrain et aux spécificités de l'entreprise afin de faciliter l'appropriation par les managers de la méthode et garantir sa fiabilité. La mesure s'effectue sur six champs explorés sur un référentiel de 100 paramètres de mesure :

- **le style de leadership :** les critères abordent l'impact, le ressenti et le vécu du « managé » par rapport au N+1;
- **le management de l'équipe :** les critères sont les mêmes que ceux du champ précédent, mais ce qui est demandé aux évaluateurs, c'est un regard porté sur la façon dont le manager agit sur l'équipe;
- **la relation aux autres parties prenantes** : orientation et écoute client du manager, mesure de la satisfaction client, analyse des insatisfactions clients interne/externe, négociation, créativité, ouverture aux autres environnements, etc.;
- **les qualités professionnelles :** mission, sens donné à l'action, partage de vision, prise d'initiatives, prise de décisions, délégation, acceptation de la contradiction, écoute des bonnes idées, fonctionnement en réseau, sens de l'anticipation, etc.;
- **les qualités personnelles :** disponibilité, confiance, fiabilité, prise en compte des difficultés des collaborateurs, feed-back, transparence, etc.;
- **les valeurs :** les critères sont directement issus du référentiel de chaque entreprise.

Le manager reçoit ensuite un rapport de synthèse qui reprend et confronte tous les niveaux de perception des six champs de l'EPP 360 et des paramètres de mesures assortis de recommandations et de pistes de plans d'action de progrès. La destination du rapport est mise en protocole en amont de la démarche.

Pour renforcer la logique de Progrès Permanent de l'EPP 360, il est possible d'insérer en fin de questionnaire trois questions ouvertes qui aideront à prioriser les actions à mener dans le cadre d'un plan de développement personnel.

Applications possibles

L'EPP 360 doit être envisagé dans une logique de développement pour déboucher sur l'amélioration des pratiques managériales. Cet outil permet :

- d'identifier avec précision les hauts potentiels au sein d'une organisation;
- de mieux se connaître;
- de développer son leadership;
- de manager et motiver ses équipes.

Apports et limites

Pour un manager, l'EPP 360 :

- permet un retour sur le niveau de satisfaction de son équipe, de ses clients et autres parties prenantes;
- offre un effet miroir sur les pratiques managériales. Comparer son auto-évaluation à la perception de son entourage offre au manager un feedback sur la manière dont son action et sa personnalité sont perçues;
- est un outil efficace de connaissance de soi en termes d'image et de personnalité qui permet d'identifier ses forces et ses faiblesses;
- est un outil formateur ouvrant la possibilité d'entamer un coaching, et/ou de faire une professionnalisation au management.

Pour l'entreprise, l'EPP 360 :

- fournit à l'entreprise une mesure de la satisfaction interne des employés;
- facilite la communication N/N+1;
- complète les processus d'évaluation classique et est directement utile en matière de gestion des compétences et des carrières;
- porte et véhicule les valeurs et les principes de management de l'organisation qui l'adopte et améliore la culture organisationnelle et managériale;
- augmente la valeur ajoutée des ressources humaines.

Certaines limites peuvent toutefois apparaître.

Il convient d'éviter le choc culturel et donc de vérifier la maturité du terrain. Pour le manager, le feedback de l'EPP 360, objectivé et explicité, peut être violent et très déstabilisant. Il faut veiller à ne pas dévier la finalité de l'outil qui doit être accompagnée dans une logique de progrès par des acteurs compétents et formés aux sciences humaines.

L'EPP 360 ne décrit pas entièrement un individu; le contexte du moment, l'entreprise, le poste sont à prendre en compte et il faut se garder d'établir des conclusions trop hâtives. Rappeler que les résultats ne sont pas une fin en soi. C'est aussi un moyen de réfléchir en commun à la culture et de mettre en débat les pratiques de management.

Les conseils de l'expert

Voici les principaux leviers pour implanter et utiliser l'EPP :

- intégration à une stratégie de développement des RH;
- clarification des attendus, du protocole, de la déontologie;
- participation active et engagée de la direction;
- compréhension et acceptation de tous les acteurs;
- information des organisations syndicales des objectifs et des conditions de mise en œuvre de l'outil;
- accompagnement dans la mise en œuvre de l'outil (rassurer à tous les niveaux);
- expérimentation préalable et intégration au fur et à mesure du retour d'expérience;
- investissement dans les RH et facilitation des plans de progrès individuel et de coaching.

« Comment ça marche »

Pour pratiquer et adopter l'EPP 360, l'idéal est de s'appuyer sur un professionnel du conseil formé à l'outil qui adaptera en amont le questionnaire à l'entreprise et sensibilisera la direction aux conditions de mise en œuvre. Le processus se déroule sur quinze jours et il est possible de le pratiquer pour un manager tous les trois-quatre ans.

Témoignage

« Avec la restitution de l'EPP, j'ai reçu des informations pertinentes même si certaines étaient "décapantes" ! Le travail de coaching qui a suivi m'a permis de prendre conscience de certaines erreurs et surtout de potentialités que j'ai ensuite réalisées. Créer des espaces d'introspection dans des entreprises où les gens ont le nez dans le guidon, finalement, c'est plutôt sain. Je l'ai fait faire à un de mes jeunes cadres dont les résultats ont été très positifs, je suis content pour lui, mais surtout pour le groupe qui a gagné un excellent directeur d'unité, ce qui m'a été confirmé depuis » (Jean-Michel V., directeur d'une entreprise dans le secteur de l'énergie).

Repères bibliographiques

TREPO Georges, ESTELLAT Nathalie, Oiry EWAN, *L'Appréciation du personnel – Mirage Ou Oasis ?*, Éditions d'Organisation, 2002.

DEVINE Marion, *Le 360° : Un outil de développement des managers*, Éditions Insep, 2001.

LEVY-LEBOYER Claude, *Le 360° outil de développement personnel*, Éditions d'Organisation, 2007.

MAXWELL John C., *The 360 Degree Leader Workbook : Developing Your Influence from Anywhere in the Organization*, NYT, 2006.

MAP'UP®

Mieux se connaître
Recrutement, mobilité
Leadership et performance

par Gilles NOBLET
Conseil en valorisation des talents, coach et expert en Personal branding. Formé à Map'UP® en mode laboratoire auprès de Gérard Ochem, l'inventeur de l'outil. Praticien partenaire de l'Institut Map'UP.

Historique et auteur

Map'UP est le fruit d'une recherche pluridisciplinaire en sciences humaines associant les apports des recherches sur la cybernétique, les mécanismes de l'action, la psychologie de la motivation et les enseignements de la mythologie et du conte merveilleux. Gérard Ochem s'est appuyé sur des travaux d'exploration du fonctionnement du cerveau humain menés en partenariat avec l'Inserm pour mettre au point Map'UP®. Il a été nominé, en 2003, au concours de l'Entreprise innovante et du développement durable pour représenter la Région Île-de-France. Il est membre du CJD (Centre des jeunes dirigeants) et de l'ANDRH (Association nationale des directeurs de ressources humaines). En 2008, il a créé l'Institut Map'UP® pour former des praticiens Map'UP® et accompagner la politique des entreprises en matière de gestion des talents.

Description de Map'UP®

Map'UP® offre un fil d'Ariane qui révèle les clés spécifiques du fonctionnement optimal d'une personne. Il se présente sous la forme d'une cartographie qui répertorie 18 logiques d'adaptation, d'évolution et de réussite articulées entre elles. Ces logiques constituent le plus grand capital d'un individu et mettent en évidence sa singularité. Elles agissent comme un référentiel aussi spécifique à la personne que ses empreintes digitales.

Les 18 logiques révélées par Map'UP®

- Logique d'objectif
- Logique de concrétisation
- Logique de défi à relever
- Logique d'évolution
- Logique du comment faire
- Logique de compétence naturelle
- Logique d'efficacité
- Logique d'intégration socioprofessionnelle
- Logique d'automanagement
- Logique d'expansion
- Logique d'ascension socioprofessionnelle
- Logique d'associé
- Logique de communication
- Logique de réalisation de ses idées
- Logique de force
- Logique de créativité
- Logique d'échange
- Logique de dépassement de ses limites

Chacune de ces 18 logiques exprime des actions à privilégier par la personne pour lui permettre de s'adapter, évoluer et réussir dans son contexte socioprofessionnel. Voici un exemple portant sur la logique d'expansion : celle-ci définit la prédisposition naturelle que le manager cherchera à activer pour prendre sa place dans un collectif.

Pour Léa, il s'agit de **mettre à profit** son humanisme et sa compassion, pour **agir** avec solidarité envers autrui.

Pour Éric, il s'agit de **répondre** à des besoins vitaux tant sur le plan individuel que collectif, en veillant au préalable à bien **échafauder** ses idéaux.

Pour Nathalie, il s'agit de **mettre en valeur** les différences qui caractérisent chaque individu afin de pouvoir **construire** une synergie collective fiable et pertinente.

Là où Léa va naturellement chercher sa place de manager en jouant sur son humanisme et son esprit de solidarité, Éric tendra naturellement à trouver sa place en échafaudant avec lucidité les projets de son équipe, tandis que Nathalie s'attachera à identifier les spécificités de chacun pour élaborer une saine émulation dans son équipe. Plus le contexte leur permettra d'exprimer leur valeur ajoutée unique, plus leur management sera efficace. *A contrario*, les enfermer dans des attitudes opposées reviendrait à se priver de leur talent naturel et à brider leur posture managériale.

Applications possibles

Map'UP® révèle la valeur ajoutée spécifique et clarifie les motivations profondes d'un individu. C'est un outil pertinent pour accompagner la politique RH, la gestion de carrière, le développement des compétences managériales, la construction de sa marque personnelle, la détection de hauts potentiels, le coaching individuel et d'équipe de cadres dirigeants, l'outplacement...

Apports et limites

Pour l'individu : Map'UP® donne à l'individu des points d'appui solides pour lui permettre de relever les défis liés à sa fonction et démontrer sa valeur ajoutée spécifique.

Pour l'équipe : Map'UP® améliore la cohésion d'une équipe et ses capacités à trouver des solutions adéquates en favorisant le jeu des coopérations multiples dans un respect mutuel.

Pour l'entreprise : Map'UP® permet à une organisation de mettre concrètement le capital humain et le talent managérial au cœur de son système de création de valeur.

Map'UP® permet de prendre conscience de son propre modèle d'excellence. Le risque de confondre son potentiel optimal avec le potentiel réellement exploité au quotidien est souvent présent. C'est pourquoi découvrir et apprendre à exploiter sa cartographie Map'UP® ne peut que se faire dans le cadre d'un accompagnement avec un praticien qualifié par l'Institut Map'UP®. Rééquilibré sur sa trajectoire de fonctionnement optimal, l'individu tire pleinement profit de son réel potentiel.

Les conseils de l'expert

L'homme est complexe, et comme tout système complexe il a son mode de fonctionnement optimal à respecter. L'outil possède de nombreuses clés de lecture et il faut accepter de ne pas tout comprendre immédiatement. Il faut savoir se donner le courage et le temps nécessaire pour apprivoiser ses talents spécifiques et son mécanisme personnel de réussite.

« Comment ça marche »

Tout démarre par un questionnaire de 198 items qui propose cinq niveaux de réponse :

- « Oui, c'est vital et nécessaire pour moi » ;
- « C'est important pour moi sans être prioritaire » ;
- « Pourquoi pas, mais cela reste secondaire » ;
- « Non, ce n'est pas mon style » ;
- « Je ne fais pas de lien avec ce thème ».

Une fois décodés par l'Institut Map'UP®, les résultats sont restitués en face à face ou en atelier. Un accompagnement personnalisé permet d'en tirer pleinement profit pour atteindre son excellence.

Témoignage

« J'étais manager d'une équipe de traders à la City, mais je me sentais décalé dans cet univers. Je souhaitais évoluer vers la finance équitable, quitte à changer d'employeur ou faire la révolution au sein de mon service. Map'UP® m'a aidé à prendre du recul sur ma situation et à retrouver une lucidité que j'avais perdue en me projetant dans des scénarios professionnels irréalistes. L'accompagnement m'a aidé à concevoir et à mettre en œuvre des actions en phase avec mes logiques de réussite. J'ai rapidement trouvé mon style spécifique de manager et j'ai gagné en efficacité dans mon job. Six mois après, ma hiérarchie m'a confié une équipe quatre fois plus importante à New York. Ma nouvelle mission est de manager des traders "trop fougueux" pour les amener à mieux peser leur prise de risque sur les marchés boursiers, et là, je suis en adéquation complète avec moi-même et les objectifs de mon entreprise » (Cédric, ancienne fonction : manager responsable d'une équipe de 60 traders à la City de Londres ; nouvelle fonction ; manager responsable d'une équipe de 180 traders à New York).

Repères bibliographiques

Noblet Gilles, *Développer sa marque personnelle – Le Personal branding dans son métier, sa carrière et sa vie*, Éditions CFPJ, 2009.

LA PYRAMIDE DE MASLOW

Manager et motiver les personnes et les équipes

Par David OUAHNOUNA

Consultant, coach et enseignant chercheur. Docteur en management, il est aussi psycho-sociologue.

Historique et auteur

Abraham Maslow (1908-1970) est un psychologue américain spécialiste du comportement. Il a élaboré le concept de besoin pour définir les origines de la motivation humaine et a proposé un modèle de hiérarchie des besoins humains. La théorie des besoins de Maslow est une des plus célèbres. Elle propose une conception systématique des besoins de l'homme au travail et hiérarchise différents niveaux selon une pyramide. Selon Maslow, les conduites humaines sont dictées par la satisfaction des besoins, l'homme est donc instinctif, biologique et fondamental.

Description de la pyramide de Maslow

Au sein de la hiérarchie des catégories de besoins, deux grands types de besoins sont distingués :

- les besoins de niveau inférieur qui doivent avoir reçu un minimum de satisfaction pour que les autres besoins apparaissent. Ils sont principalement physiques et économiques;
- les besoins de niveau supérieur qui sont plus complexes et rarement comblés car ils concernent essentiellement les sentiments et les valeurs.

Tout comme le montre la figure suivante, cinq groupes de besoins sont distingués : les besoins physiologiques, les besoins de sécurité, les besoins sociaux, les besoins d'estime et les besoins de réalisation de soi.

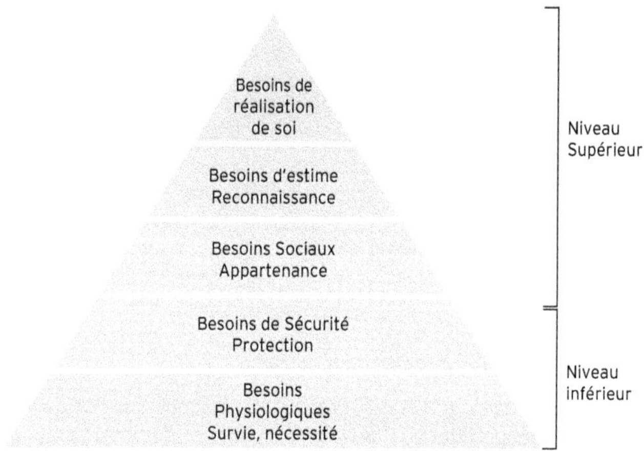

La pyramide des besoins d'Abraham Maslow

La hiérarchie des catégories de besoins est la suivante :

- les besoins physiologiques maintiennent la vie ainsi qu'un minimum de bien-être ; ils englobent les nécessités d'ordre physique et physiologique (nourriture, vêtement, reproduction...) ;
- les besoins de sécurité, étroitement liés aux premiers, visent le maintien de la vie et du bien-être à long terme. Ils touchent à la sécurité physique et psychologique comme la protection contre les dangers ou la sécurité dans l'emploi, mais aussi le besoin d'évoluer dans un environnement sûr et structuré ;
- les besoins sociaux sont liés à la recherche d'amitié, d'affection et d'appartenance à un groupe ;
- les besoins d'estime se rapportent à l'estime de soi et à l'estime pour les autres ;
- les besoins de réalisation personnelle appelés aussi « besoins d'accomplissement » concernent le désir de créer, de se dépasser et d'exploiter au maximum ses possibilités.

Pour Maslow, les besoins sont gouvernés selon deux principes :

- le manque quand le besoin n'est pas satisfait ;

- la progression qui détermine la hiérarchie et l'ordre strict de l'évolution des besoins.

Tout comportement est déterminé par la recherche de satisfaction concernant un des besoins fondamentaux. La recherche des besoins est hiérarchisée. L'homme cherche d'abord à satisfaire les besoins fondamentaux pour s'élever ensuite. Toutefois les besoins du premier niveau sont absolus, la réalisation de soi n'est pas possible si, en premier lieu, les besoins physiologiques ne sont pas satisfaits. De plus, le besoin de réalisation de soi est le plus large et est supposé être insatiable. Maslow ne dit pas qu'un seul besoin est motivant à un moment donné, mais plutôt qu'un seul besoin est dominant et relativise ainsi l'importance des autres.

Applications possibles

Cette vision des attentes individuelles de l'homme au travail apporte un éventail de critères intéressants à identifier pour tout manager désireux de déployer un mode de management motivationnel favorisant l'initiative, la créativité et la responsabilisation des individus. Néanmoins, cette approche par les besoins humains ne doit rester, à notre sens, qu'une des clés de lecture possibles à la disposition du manager. Elle renseigne sur une partie du processus sous-jacent à la recherche de motivation. Dans les faits, l'histoire a montré que l'homme au travail est très vite monté dans la pyramide des besoins alors que tous les travailleurs d'aujourd'hui n'ont pas tous dépassé la satisfaction des besoins primaires.

Apports et limites

Avec cette proposition d'une hiérarchie des besoins, Maslow insiste sur la complexité des besoins et montre que, selon les moments et les circonstances, les individus ressentent différents besoins qu'ils cherchent à satisfaire. Les besoins dépendent de la personnalité et des désirs des individus. Ainsi, pour lui, les individus sont davantage motivés par ce qu'ils recherchent que par ce qu'ils ont obtenu ou réussi. La grande découverte de Maslow a été de s'apercevoir que dès qu'un besoin est satisfait, le fait même qu'il soit satisfait cesse d'être important pour l'individu, à l'exception des besoins physiologiques.

En d'autres termes, un besoin satisfait n'est pas ou ne constitue pas toujours une motivation.

L'intérêt de cette approche pour un manager est d'éclairer l'application de certaines politiques en matière de gestion des ressources humaines. Par exemple, cette vision des besoins de l'homme au travail permet de montrer que dans le domaine de la reconnaissance, à titre d'illustration, les incitations strictement instrumentales comme les reconnaissances financières (systèmes de rémunération) connaissent des limites du fait que d'autres désirs et envies existent chez l'individu, notamment le champ de l'appartenance à un groupe social ou l'accomplissement de soi.

Cette approche théorique n'est pas en réalité une théorie de la motivation; elle nous dit quels besoins peuvent être à la base d'un comportement, mais ne dit pas quand ni pourquoi la personne opte pour un comportement spécifique pour satisfaire tel ou tel besoin, ni même à quel moment un besoin est suffisamment satisfait pour qu'elle s'en détourne au profit d'un autre. De plus, les besoins sont fréquemment multiples et parfois contradictoires. Ce sont les aspirations et désirs concrets qui déterminent la motivation et orientent le comportement.

Une des limites présente dans l'approche de Maslow est qu'elle n'explique pas comment il est possible que l'individu reste démotivé alors même que l'ensemble de ses besoins ne sont pas satisfaits.

Les conseils de l'expert

Les besoins des individus ne relèvent pas toujours du domaine de la conscience. De plus, il existe une différence entre les besoins de l'individu (correspondant à des manques) et ses désirs (interprétations subjectives des formes que revêt le besoin). Une approche managériale essentiellement centrée sur les besoins semble donc être réductrice pour répondre à l'ensemble des attentes individuelles. Enfin, si nous appréhendons l'équipe de travail dans son ensemble et bien au-delà de la somme des individus qui la compose, cette approche théorique n'indique pas au manager les effets de conditionnement pouvant être induits par le groupe (l'équipe) sur les besoins individuels.

Témoignage

« Depuis qu'en séminaire de management, j'ai découvert la pyramide de Maslow, j'ai une vision de ce qui guide chaque personne dans son travail. Cela m'aide à ouvrir le dialogue avec les membres de mon équipe sur les attendus pour parvenir à un niveau de satisfaction bon pour eux et pour l'entreprise et ainsi mettre les efforts au bon endroit dans ma façon de les manager » (Jean B., chef de service comptabilité et recouvrement d'une équipe de 45 personnes).

Repères bibliographiques

Maslow Abraham, *Vers une psychologie de l'être*, Fayard, 1972.

Maslow Abraham, *Farther Reaches of Human Nature*, Viking Press, 1971.

McClelland David, *Motivating Economic Achievement*, Free Press, 1969.

LE MBTI®

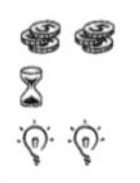

Mieux se connaître
Améliorer sa relation à l'autre
Communiquer
Résoudre les conflits
Développer son estime de soi

Par Ariane OCLIN
Consultante et formatrice, spécialiste de la communication orale et des relations interpersonnelles, certifiée MBTI®.

Historique et auteur

Le MBTI® a été mis au point par deux femmes : Katherine Cook Briggs (1875-1968) et sa fille, Isabel Myers (1897-1980), qui étudièrent les idées de Carl Jung[1] sur les différents types de personnalité. Dans un premier temps, elles utilisèrent cette typologie pour mieux comprendre les personnes de leur entourage. En 1942, devant le gâchis du potentiel humain que représentait la Seconde Guerre mondiale, Isabel Myers entreprit d'élaborer un outil concret qui permettrait une meilleure compréhension entre les hommes. C'est ainsi qu'elle mit au point un questionnaire de personnalité permettant de déterminer rapidement le « type psychologique » de l'individu et ses talents.

Description du MBTI®

Le travail à partir de l'outil MBTI® intègre **plusieurs approches convergentes :**

- le questionnaire ;
- de petits exposés explicatifs ;

1. Carl Gustav Jung, médecin, psychiatre, psychologue et essayiste suisse (1875-1961) est le fondateur du courant de la psychologie analytique dans la continuité puis en rupture avec Freud. Ses travaux notamment sur les archétypes ont inspiré de nombreuses approches comportementales du XXe siècle.

- des échanges à partir de vos expériences ;
- des descriptifs de types psychologiques.

Il suppose votre accord personnel et votre adhésion à la démarche comme un prérequis. Il reste strictement confidentiel.

Le questionnaire MBTI® vous interpelle sur vos préférences : « Dans telle situation, je préfère agir de telle façon plutôt que de telle autre. » Vous « préférez » intuitivement un comportement lorsque celui-ci vous est facile et vous mène à un résultat positif, réussi (comme vous préférez écrire de la main droite ou de la main gauche…).

Vos préférences sont observées sur quatre dimensions :

- **Introversion/Extraversion :** à quoi va naturellement votre attention et où puisez-vous votre énergie ?
- **Sensation/iNtuition :** comment préférez-vous recueillir les informations ?
- **Pensée/Sentiment** : comment prenez-vous vos décisions ?
- **Jugement/Perception :** comment abordez-vous le monde extérieur et vous organisez-vous en fonction de cela ?

Le praticien éclaire la compréhension de chaque dimension par de courts exposés explicatifs s'appuyant, quand cela est possible, sur des petits exercices ludiques révélateurs.

Ce questionnaire repose sur des critères statistiques (fidélité et validité) d'une grande exigence.

Il s'agit d'un instrument non-évaluatif (aucune réponse n'est « bonne » ou « mauvaise »), autodiagnostic (vous vous évaluez vous-même), qui ne mesure pas des qualités, mais fait émerger vos modes de fonctionnement privilégiés.

Applications possibles

Cet outil est d'abord un outil de développement personnel qui permettra individuellement d'acquérir une meilleure connaissance de vous-même. Il sera utilisé en particulier pour :

- connaître ses modes de fonctionnement privilégiés en matière de :
  - relations interpersonnelles,
  - traitement de l'information,

  - prise de décision,
  - organisation personnelle;
- identifier ses axes de développement personnel et professionnel :
  - à court, moyen et long terme,
  - dans une dynamique intégrant ces quatre dimensions.

Il peut également être utilisé en management. On proposera un MBTI® à son équipe pour :

- **exploiter au mieux les talents et compétences de chacun :** les résultats personnels resteront confidentiels, mais vont permettre à chacun de mieux percevoir ce qu'il/elle réalise avec facilité et succès, donc de se concentrer sur les clés de son efficacité;
- **développer la cohésion d'équipe :** l'appréhension des différents types de personnalité permet de comprendre pourquoi telle ou telle personne fonctionne de telle ou telle manière dans son travail et dans ses relations professionnelles. Le travail de groupe sur MBTI® favorise l'esprit de tolérance et fait émerger des synergies au sein de l'équipe.

Apports et limites

Répondre au questionnaire MBTI® et n'en ressortir qu'un «type de personnalité» en 4 lettres n'a qu'un intérêt limité. L'outil prend toute sa dimension dans l'échange avec le praticien qui, par son questionnement, ouvre cette analyse sur une dynamique d'ensemble à moyen/long terme. Le travail approfondi à partir de cet outil est très riche d'enseignement, mais peut prendre du temps (plusieurs séances). D'autre part, la cohésion d'équipe n'en sortira renforcée que si les conclusions établies grâce au MBTI® sont suivies d'un accompagnement et d'un plan d'action.

Le conseil de l'expert

Le MBTI® n'a pas été conçu comme un instrument de sélection et/ou de discrimination, bien au contraire : il est un formidable outil pour comprendre comment on peut exploiter au mieux ses talents tout au long de sa vie, et développer ses compétences pour être plus efficace et riche humainement. On voit bien, au travers de ces indications, l'importance de l'accompagnement par le praticien et, en particulier, de la manière dont il pose les règles éthiques qui fondent le MBTI®.

Par conséquent :
- méfiez-vous du recours au MBTI® dans le cadre du recrutement : la simple passation du test ne dit pas tout le potentiel d'un candidat ;
- évitez la passation du questionnaire par Internet, sauf si un entretien avec un professionnel qualifié est prévu en aval.

« Comment ça marche »

Le questionnaire de personnalité se décline en 88 propositions qui vous sont faites, auxquelles vous répondez en 10 à 20 minutes.

De l'analyse de ce questionnaire ressort un « type psychologique » qui s'exprime en 4 lettres (exemples : ISTJ pour quelqu'un dont les préférences seraient Introversion, Sensation, Pensée, Jugement ou ENFP pour quelqu'un dont les préférences seraient Extraversion, iNtuition, Sentiment, Perception[1]) type dit « apparent », qui doit être ensuite confronté à vos ressentis/expériences lors d'une série d'échanges avec le praticien, afin de déterminer avec finesse votre « type vécu ». Celui-ci sera défini comme votre type de personnalité.

Seuls les praticiens certifiés sont habilités à vous faire passer ce questionnaire. Assurez-vous de cette certification.

La plupart des praticiens français ont été formés par Osiris Conseil qui, pendant plus de vingt ans et jusqu'en 2007, détenait l'exclusivité de la licence en France, par un accord avec la « maison mère » OPP. Aujourd'hui, celle-ci ayant repris les droits de cette licence, il suffit de joindre Osiris Conseil (pour une certification jusqu'à 2007) ou OPP France (pour une certification obtenue après cette date) pour obtenir cette vérification.

OPP propose des passations gratuites en ligne, suivies d'un entretien mené en face à face par un praticien en cours de formation, ce qui peut constituer une bonne première approche. Il peut être intéressant de compléter ensuite ce travail par une ou deux séances supplémentaires avec un professionnel.

1. Les lettres viennent de l'anglais : *Introversion* = I ; *Extraversion* = E ; *Sensing* = S ; le I étant déjà pris par Introversion ; *iNtuition* = N ; *Thinking* = T ; *Feeling* = F ; *Judgment* = J ; *Perception* = P.

Osiris Conseil a développé un outil comparable au MBTI® : le CCTI® (Cailloux-Cauvin Type Indicator). Cet outil se présente également sous la forme d'un questionnaire, plus court et moins coûteux, offrant des garanties de validité et de fiabilité statistiques très élevées.

Témoignage

«La mise en évidence de mon type de personnalité, grâce au MBTI®, m'a d'abord permis de mieux comprendre mon mode de fonctionnement aussi bien dans ma vie professionnelle que personnelle. Cela m'a permis de mieux comprendre les gens de l'équipe dans leur mode de fonctionnement et je pense que cela a été bénéfique pour notre collaboration. Maintenant, je voudrais évoluer dans mon métier et je vais m'appuyer sur cette réflexion pour me projeter de manière réaliste sur le plan professionnel» (Gabrielle T., cadre en entreprise).

Repères bibliographiques

Cailloux Geneviève et Cauvin Pierre, *Les types de Personnalité - Les comprendre et les appliquer avec le MBTI*, ESF Éditeurs, 7e édition 2007.

THÉORIES X ET Y DE McGREGOR

Manager et motiver les personnes et les équipes

Par David OUAHNOUNA
Consultant, coach et enseignant chercheur.
Docteur en management et psycho-sociologue.

Historique et auteur

Après avoir dirigé une firme de distribution d'essence à Detroit, Douglas McGregor (1906-1964) étudia la psychologie à Harvard et devint professeur de technologie industrielle, puis de management industriel au MIT.

Il est l'un des représentants de l'École des relations humaines. Il s'élève contre la théorie classique de l'organisation du travail fondée sur le principe que l'exercice de l'autorité est un moyen indispensable de contrôle des hommes. Il met en valeur le potentiel des ressources humaines et valorise les aptitudes et capacités des hommes au travail.

McGregor propose deux théories X et Y qui fondent son modèle de management.

Description des théories X et Y de McGregor

McGregor postule que « derrière chaque acte de management reposent des principes philosophiques, plus ou moins implicites, qui expriment la pensée profonde de chaque manager sur la nature humaine et le comportement des Hommes ». Il les décrit dans ses postulats des théories X et Y.

Trois postulats de la théorie X :

- les individus ont une aversion innée pour le travail et, s'ils le peuvent, ils le fuiront ;

- par conséquent, les individus doivent être contraints, dirigés, contrôlés et motivés par la crainte de punitions ou de privations qui les poussent à fournir les efforts voulus;
- l'individu moyen préfère être conduit, a peu d'ambition, ne veut pas assumer de responsabilités et cherche sa sécurité avant tout.

Les gestionnaires qui raisonnent aujourd'hui selon la théorie X surveillent étroitement leurs collaborateurs, les menacent de sanctions et exigent la conformité aux politiques de direction.

La théorie X ne se préoccupe que des besoins de base et des besoins de sécurité en négligeant de satisfaire les besoins plus élevés (besoins sociaux, d'estime de soi et d'actualisation).

Six postulats de la théorie Y :

- l'individu moyen n'éprouve pas d'aversion innée pour le travail;
- la responsabilité est liée à la satisfaction de l'ego, au besoin de réalisation de soi et de reconnaissance;
- il peut se diriger et se contrôler lorsqu'il travaille avec des objectifs dont il se sent responsable;
- il ne craint pas l'engagement et les responsabilités. Dans certaines conditions, l'individu moyen apprend non seulement à accepter, mais aussi à rechercher des responsabilités;
- il dispose d'imagination, d'ingéniosité et de créativité pour résoudre les problèmes;
- il n'utilise pas tout son potentiel intellectuel dans la vie industrielle moderne.

Applications possibles

Les postulats des deux théories offrent aux managers un cadre de réflexion auquel ils peuvent se confronter et réinterroger les credos, la philosophie, les valeurs et les principes managériaux. Les leurs, ceux de leurs collègues managers, ceux d'autres entreprises et ceux de leur propre organisation.

Le travail peut être personnel et introspectif.

Il peut se faire au travers d'échanges avec un coach pour développer ses propres capacités managériales.

Enfin, la réflexion peut être collective sous forme d'ateliers managériaux ou dans le cadre dune formation professionnalisante.

Apports et limites

McGregor est très pertinent dans sa description des postulats des deux théories qui sous-tendent les décisions et les approches managériales.

Le premier intérêt des travaux met en relief les limites de certains managers ou dirigeants gestionnaires qui raisonnent et agissent selon la théorie X. En général, il est attendu des salariés qu'ils adhèrent aux politiques de l'organisation sans poser de question et sans « rechigner ». Les convictions sur la nature humaine sont effrayantes : paresse innée des êtres humains, volonté de fuir le travail, immaturité « fondamentale » et incapacité à prendre des responsabilités. Le vocabulaire de cette approche managériale est connu, y compris dans les dérives : subalternes, subordonnés, surveillance, contrôle, menaces, sanctions et parfois harcèlements, *burnout* (saturation, épuisement), suicides... La théorie X ne se préoccupe que des besoins de base et des besoins de sécurité en négligeant de satisfaire les besoins plus élevés et plus nobles des humains : besoins sociaux, d'estime et d'accomplissement de soi, de dépassement...

Le second intérêt est que la théorie Y met en valeur la richesse des êtres humains et un rapport au travail qui peut être source de satisfaction et contribue à l'équilibre des individus. McGregor se positionne dans cette voie : « L'être humain d'aujourd'hui a envie de travailler et il est motivé par le désir de s'accomplir et de se sentir utile. » Il valorise les capacités de motivation, de responsabilité, de créativité, d'implication, d'engagement et de création de valeur. McGregor estime réelle la possibilité d'intégration des buts de l'organisation et des buts de l'individu.

Cependant, ce management-là est exigeant et difficile à déployer dans un contexte de crise, de mutations accélérées, d'hyper-concurrence, de pression du court terme...

Attention enfin aux limites des travaux de McGregor : le clivage entre les théories est trop doctrinaire et manque de souplesse et de nuances. Elles ne laissent pas assez d'espace à l'influence des environnements économique, culturel ou technologique.

Les conseils de l'expert

Le modèle managérial de McGregor est séduisant, mais le clivage X/Y est peut-être trop simpliste. Le formateur, le coach ou le consultant devront alerter le manager et le mettre en distance. S'il est vrai comme le dit le vieil adage militaire qu'« il n'y a pas de mauvais soldats, il n'y a que de mauvais chefs », il ne faut pas stigmatiser les managers. Si les salariés sont « paresseux », ne montrent pas d'initiatives, ne prennent pas de responsabilités, sont indifférents ou intransigeants, ce sont les effets des méthodes de management... mais pas seulement celles du manager ! L'organisation, la culture d'entreprise, et le système de management sont des éléments à prendre en compte.

Témoignage

« En tant que manager et dirigeant nous sommes confrontés à des mutations et à des changements sans précédent. Tous évoquent la nécessité de motiver, d'impliquer et de faire s'engager les salariés pour asseoir la performance. Or cela n'est possible que si nous prenons en compte l'impératif d'intégration entre les objectifs de nos entreprises et la satisfaction des hommes et des femmes qui y travaillent. C'est cette conviction portée par McGregor que je retiens comme un défi formidable offert aux chercheurs, aux praticiens des ressources humaines, aux managers et aux consultants qui n'a rien perdu de son actualité » (un DG du secteur de l'automobile).

Repères bibliographiques

McGregor Douglas, *La Dimension humaine de l'entreprise* (1960), Bibliothèque du management, 1970.

McGregor Douglas, *Leadership and Motivation*, MIT Press, 1966.

LE MÉTA MODÈLE

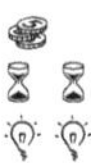

Améliorer sa relation à l'autre
Communiquer

Odile BERNHARDT
Coach, formatrice en relations humaines, enseignante en PNL.

Historique et auteurs

Le Méta modèle est issu des travaux de modélisation de John Grinder et Richard Bandler, les créateurs de la PNL (*cf.* page 162) dans les années 1970. En s'appuyant sur les travaux de Noam Chomsky (Grammaire transformationnelle) et d'Alfred Korzybski (Sémantique générale) et en observant trois thérapeutes de renom, ils ont mis à jour des *patterns*, répétitions du langage qu'ils ont rassemblées dans un modèle : le Méta modèle.

Description du Méta modèle

Le Méta modèle est un modèle linguistique qui regroupe différentes verbalisations, reflet de nos mécanismes de généralisation, sélection et distorsion.

Il s'agit d'un modèle de questionnement qui tend à préciser les propos de nos interlocuteurs afin d'établir une communication partagée.

Principe de base

Un des présupposés de la PNL affirme que « la carte n'est pas le territoire ». Avec le Méta modèle, la « carte » est représentée par les propos de notre interlocuteur. Les mécanismes de généralisation, sélection et distorsion sont des filtres naturels de la « réalité » et/ou « territoire » et donnent du sens à l'expérience vécue. Ces mécanismes, qui sont personnels, interfèrent différemment suivant les individus et expliquent les différences de perception et d'interprétation des situations et les problèmes de communication dans la vie courante. Ils sont repérables au travers du langage utilisé.

Repérer les mécanismes dans le langage

Il est difficile de décrire factuellement chaque situation dans une conversation courante. Nos propos sont donc le reflet de ce qui est vécu profondément. Le langage n'étant pas neutre, le questionnement du Méta modèle va consister à interroger les verbalisations insuffisamment spécifiques du fait des trois mécanismes.

Trois mécanismes à repérer

Le Méta modèle : exemples

Mécanismes	Exemples de verbalisations	Questions à poser
Généralisation	Tous nos clients sont désagréables. Je n'y arriverai jamais. Il n'y a pas de fumée sans feu. Il faut vraiment terminer ce dossier ce soir.	Tous, vraiment tous ? Jamais vraiment jamais ? Qui a dit cela ? Que se passera-t-il si ce dossier n'est pas terminé ?
Sélection	On ne m'a rien dit. Ça ne m'intéresse pas. Je suis d'accord.	Qui ne vous a pas dit quoi ? Qu'est-ce qui ne vous intéresse pas concrètement ? Avec qui ? Avec quoi ?
Distorsion	Il n'est pas motivé, il arrive en retard de dix minutes chaque matin. Il m'inquiète. Je n'irai pas lui demander une augmentation, je sais ce qu'il va me répondre.	Vous est-il déjà arrivé d'avoir un salarié motivé arrivant en retard le matin ? Que fait-il concrètement qui vous amène à vous inquiéter ? Comment savez-vous cela ?

Généralisation : ce mécanisme est un processus qui consiste à faire d'un exemple une vérité générale. Les phrases utilisées sont des généralités, des proverbes, des maximes. Le questionnement va consister à rechercher les éléments factuels qui ont contribué à engendrer la généralisation.

Sélection : ce mécanisme nous invite à sélectionner les événements auxquels nous prêtons attention. Dans une phrase, il se manisfeste lorsqu'il manque des éléments : suppression du sujet, du verbe, du complément d'objet direct ou du comparatif. Le questionnement va consister à rechercher les éléments manquants dans la phrase : sujet, verbe, complément d'objet ou comparatif.

Distorsion : ce mécanisme consiste à attribuer un sens à des éléments factuels, à créer des causes à effet entre deux événements, à deviner la pensée des autres. Il est à la base du processus créatif. Le questionnement va aider à mettre à jour le lien entre les éléments factuels et les interprétations évoquées.

Les différents mécanismes peuvent se cumuler. Il s'agit pour l'utilisateur du Méta modèle de repérer les figures linguistiques, de les questionner pour retrouver l'expérience initiale qui a permis au locuteur de se créer cette représentation actuelle. Le but de la démarche étant d'établir une communication partagée.

Applications possibles

Utiliser le questionnement du Méta modèle permet au manager :

- de comprendre ce que dit son interlocuteur dans le détail, faire préciser une demande, en se faisant une représentation partagée et factuelle qui évite les malentendus.
  - Exemple : « J'aimerais que vous m'aidiez à répondre à ce client »; question : « Quel type d'aide attendez-vous de moi concrètement ? » « Que voulez-vous lui répondre factuellement ? »
- d'établir un diagnostic de la situation, de cerner la situation réellement problématique pour apporter une réponse concrète.
  - Exemple : « Je ne peux pas supporter le comportement de mon collègue »; questions : « Que fait il concrètement que vous ne pouvez pas supporter ? » « Que signifie "supporter" factuellement pour vous ? »

Apports et limites

Le Méta modèle est un excellent modèle de clarification des situations car il permet de comprendre ce que dit l'interlocuteur voire de clarifier ses propres propos dans des situations très diverses : management au quotidien, négociation, résolution de problèmes. En matière de délégation, il permet de donner des consignes précises et de vérifier que le subordonné a bien compris ce qui est demandé.

Quand les questions deviennent des réflexes, ce n'est plus réellement un outil, mais plutôt une façon d'envisager la communication.

Il complète bien les méthodes et modèles nécessaires pour déléguer, négocier, résoudre des problèmes, mais ne les remplace pas. Cet outil ne peut pas être une finalité en soi.

Les conseils de l'expert

> Ce type de questionnement est très utile dans les situations où la demande ou le problème nécessitent d'être éclaircis. C'est un bon complément au modèle SCORE (*cf.* page 178). Néanmoins, il n'est pas conseillé de l'utiliser sans objectif précis car poser systématiquement des questions recherchant le factuel peut devenir rapidement très ennuyeux.

« COMMENT ÇA MARCHE »

Le Méta modèle demande de l'entraînement pour « saisir au vol » de la conversation les figures linguistiques à questionner. Se fixer des exercices de repérage de chaque type de verbalisation est une bonne solution pour les apprendre. Cela demande du temps et de la persévérance, mais le résultat en vaut la peine : une communication clarifiée et partagée.

TÉMOIGNAGE

« Depuis que j'ai appris le questionnement du Méta modèle, je suis plus pertinent dans l'ensemble des entretiens que je mène. Du recrutement aux entretiens de sanctions, j'utilise maintenant ce modèle de précision pour clarifier les situations » (Paul, DRH de PME dans le BTP).

REPÈRES BIBLIOGRAPHIQUES

CUDICCIO Catherine, *Le Grand Livre de la PNL*, Eyrolles, 2004.

LABORDE Génie, *Influencer avec intégrité*, InterÉditions, 1987.

LES NIVEAUX LOGIQUES DE DILTS

Accompagner le changement
Résolution de problèmes

Par François KLEIN
Intervenant en résolution de problèmes individuels ou d'équipes. Cabinet Manadoxe

HISTORIQUE ET AUTEURS

Développé par Robert Dilts, un des fondateurs de la PNL (*cf.* page 162), ce modèle de résolution de problèmes est directement issu des recherches sur l'apprentissage de l'anthropologue et épistémologue Gregory Bateson.

DESCRIPTION DES NIVEAUX LOGIQUES DE DILTS

Robert Dilts a limité à six « niveaux logiques » - environnement, comportement, capacités, croyances et valeurs, identité, mission - les sous-ensembles pertinents pour résoudre les problèmes humains ou organisationnels. Ces niveaux répondent aux questions traditionnelles : où et quand ? Quoi ? Comment ? Pourquoi ? Qui ? Pour qui ou pour quoi ?

La méthode consiste en un travail de questionnement sur un niveau avant de passer au niveau suivant. Chaque niveau constitue comme un recadrage (une manière différente de voir) du problème ou de sa solution, tels qu'il se présentaient au niveau précédent.

Le travail est précédé d'une exploration et de la définition d'un objectif à atteindre, objectif que l'on pourrait représenter comme l'avers positif de la médaille dont le revers serait le problème à résoudre. Exemple : j'ai du mal à prendre la parole lors des comités de direction. Objectif : faire entendre mon point de vue lors de ces réunions.

Premier niveau : l'environnement. Où et quand la personne souhaite-t-elle atteindre cet objectif ?

Au prochain comité de direction.

Deuxième niveau : le comportement. Quoi ? Quel est le comportement cible ?

Exprimer mon point de vue sur d'autres sujets que les miens.

Troisième niveau : les capacités ou compétences. Comment ? Comment m'y prendre pour générer le comportement à atteindre ce jour-là, dans ce lieu-là.

Je visualise une situation récente de prise de parole réussie dans un autre contexte.

Quatrième niveau : les croyances et valeurs. Pourquoi ? Au nom de quoi ?

Pour me faire respecter dans ma fonction et ma personne.

Cinquième niveau : l'identité. Qui ?

Lorsque je prends la parole pour me faire respecter ce jour-là en visualisant une récente réunion réussie, je suis l'égal de mes pairs (ou bien, au choix : *le futur dirigeant de l'entreprise, le protecteur de mes équipes, un bon père de famille qui cherche à préserver son emploi...).*

Sixième niveau : vision, mission, spirituel. Pour qui ou pour quoi ou vers quoi ?

Faisant tout cela, avec cette valeur de respect et étant la personne que je viens d'évoquer, je contribue à faire advenir un monde où les mots ont du sens, la communication de l'importance, et l'écoute et l'échange un poids dans les décisions collectives, par exemple.

La fonction de chaque niveau est de « synthétiser, organiser et diriger les interactions au niveau situé immédiatement en dessous ». Changer quelque chose à un niveau aura nécessairement des répercussions en cascade sur les niveaux inférieurs. Le cheminement intellectuel entre les niveaux peut se faire dans les deux sens, et plusieurs fois, afin d'affiner l'objectif et sa faisabilité.

Applications possibles

Cette grille de lecture peut s'utiliser seul ou avec un coach.

Seule, elle aide à se poser les bonnes questions, à sortir de la confusion entre les problématiques, à ne pas mélanger les tenants et les aboutissants, les causes et les conséquences. Bref, à classer à la fois les informations et les modes de raisonnement.

Avec un coach, l'outil permet de « s'écouter réfléchir ». Le coach est un simple reformulateur, mais aussi un accompagnateur. Il veille au cheminement de la pensée floue de la personne qu'il accompagne. Il reste à l'écoute des passages d'un niveau logique à l'autre, afin d'aider la personne à se situer au bon niveau.

L'outil peut aussi s'utiliser pour résoudre des problèmes d'équipe ou d'entreprise. En équipe, soit il est travaillé par le manager de l'équipe ou le patron de l'entreprise au sujet du collectif, soit il est travaillé en groupe et il sert alors d'outil de questionnement et d'animation d'un séminaire pour une organisation en quête de ses valeurs, de son identité et de sa vision, susceptibles de modifier ses compétences et ses comportements, dans un environnement qui lui aussi peut bouger.

Exemple : lorsque le groupe verrier BSN se transforme en Danone, il change tous ses niveaux logiques. Il reprogramme son ADN.

Apports et limites

La puissance de l'outil mis au point par Robert Dilts tient à la cohérence du résultat vécu par la personne lorsqu'elle a parcouru intellectuellement et émotionnellement chaque niveau, lorsqu'elle a pris contact avec ses capacités, ses valeurs, son identité, son projet de vie.

Le résultat de ce parcours tient en un mot : l'alignement. Chaque « niveau » de la personne - ou de l'équipe - est alors aligné avec chacun des autres. L'ensemble est unifié. Toute son énergie est concentrée dans une seule et même direction.

La limite de l'outil : la pensée par objectif dans un esprit positif où prime le volontarisme orienté vers la solution. Arrêter cette fuite en avant vers toujours plus de solution peut s'avérer bien plus efficace, grâce notamment à un usage paradoxal de la grille des niveaux logiques. Usage centré sur le problème plus que sur l'objectif et sur l'affirmation implicite de l'impossibilité de changer plutôt que sur la nécessité explicite d'atteindre l'objectif.

Les conseils de l'expert

Pour tirer un profit maximal de l'outil, rien ne vaut le travail avec un coach qui, avec des formulations et un ton hypnotique, guidera la personne qu'il accompagne, debout, en l'invitant à se promener d'un niveau à l'autre, chaque niveau étant matérialisé par une feuille de papier. Le cheminement des pieds suit celui de la pensée. Celui de la pensée suit celui des émotions. Celui des émotions celui du corps. L'ensemble est synchronisé et aligné, ce qui facilite le travail d'ancrage, de mémorisation corporelle, intellectuelle et affective, des ressources trouvées durant le parcours.

« Comment ça marche »

Prendre le temps de définir un objectif clair.

Oser commencer par le niveau auquel le problème se pose, même s'il s'agit du plus élevé.

Répondre avec patience aux questions de chaque niveau en parcourant si possible l'ensemble dans l'ordre, décroissant ou croissant, peu importe.

Ne pas se contenter de réponses évidentes, mais se laisser déstabiliser dans ses certitudes par l'exercice.

Accepter le flou des réponses et être précis quant au niveau logique où elles sont formulées.

Témoignage

« En creusant avec mon associé l'ensemble de ces niveaux, nous avons atteint un degré de cohérence et d'énergie que je n'avais encore jamais connu » (Anne B., directrice d'une société de conseil).

Repères bibliographiques

Dilts Robert, *Être coach*, InterÉditions, 2008.

LE MODÈLE DE PALO ALTO

Résoudre les conflits
Résolution de problèmes

Laurence MORYOUSSEF
Cabinet Manadoxe. Coach et intervenante en résolution de problèmes humains, individuels et d'équipe.

Historique et auteurs

L'intervention systémique brève de Palo Alto est une application aux organisations (entreprises, institutions et diplomatie) du modèle de résolution de problèmes développé au centre de thérapie brève du MRI (Mental Research Institute) de Palo Alto à la fin des années 1960. Plusieurs contributeurs ont permis l'élaboration de cette approche rendue célèbre par les ouvrages de Paul Watzlawick. Pour développer leurs avancées, les chercheurs du MRI se sont «juchés sur les épaules de trois géants» : un anthropologue génial, Gregory Bateson, père du concept de double contrainte; un psychiatre hypnotisant, Milton H. Erickson, et un psychiatre et thérapeute familial avant-gardiste, Don Jackson.

Description du modèle de Palo Alto

Le modèle de Palo Alto découle de prémisses constructivistes et systémiques et repose sur une stratégie spécifique, l'utilisation du paradoxe. Cette dernière se fonde sur un postulat innovant : «Le problème, c'est la solution.» Ou, pour le dire différemment, ce sont les solutions inefficaces mises en œuvre de façon répétée pour tenter de résoudre les problèmes récurrents qui les alimentent.

Mener à bien cette stratégie d'arrêt des tentatives de solution nécessite un décorticage, extrêmement fin, du contexte et des relations en jeu, afin d'identifier le problème à résoudre. Ce qui dans ce modèle d'intervention brève constitue l'essentiel du travail, puisqu'il n'y a pas de norme *a priori* par rapport à laquelle un comportement serait un problème en soi. Une des questions clés de l'intervenant est : « en quoi est-ce un problème pour vous ? » Le doute fait partie intégrante de la posture stratégique.

Première étape d'une intervention : rechercher les acteurs du système. Qui se plaint du ou des problèmes ? La personne, son manager, son équipe, ses collatéraux ? À qui demande-t-on de changer pour résoudre le problème ? À soi, à l'autre, aux autres ? Et quand le changement est voulu par le manager ou la DRH pour un salarié, que se passerait-il pour lui si d'aventure il ne changeait pas ? Plus d'évolution professionnelle ? Pas d'augmentation ? Un rejet de l'équipe ? Un licenciement ? Ou bien rien ? Et dans ce cas, pourquoi devrait-il changer pour résoudre le problème ?

Il s'agit, parallèlement, de construire une définition opérationnelle du problème. À quelle occasion le problème survient-il ? Quelles interactions engendrent quelles réactions qui conduisent à quelles réponses ? Y a-t-il des redondances dans ces interactions qui contribueraient à paralyser le système ? Quelles sont les explications que l'entreprise ou la personne donne à ce problème ? Lorsqu'un collaborateur se plaint d'une surcharge de travail, est-ce de la surcharge en elle-même : injuste, incompréhensible, adressée à la mauvaise personne... ? Ou bien parle-t-il de sa difficulté à absorber le travail : trop de stress, trop d'heures supplémentaires, une efficacité qu'il juge peu satisfaisante... ? Bref, des questions de bon sens, rarement posées et qui, au-delà de circonscrire le problème, aboutissent à définir ce qui, selon la personne, est modifiable de ce qui ne l'est pas.

L'arrêt des tentatives de solution consiste alors à repérer, puis ralentir ou empêcher – avec respect – ce qui est dit ou fait en vain pour résoudre le problème. Autrement dit, il s'agit d'identifier tous les « je dois » ou les « il faut » répétés à soi-même ou aux autres afin d'inviter la personne à opérer un virage à 180° et cesser ainsi de faire toujours plus de la même chose. Le manager qui demande sans cesse à son collaborateur de respecter les délais, mais en vain puisque les retards perdurent, aura tout intérêt à changer son fusil d'épaule en suggérant à ce même collaborateur, « compte tenu de la qualité du dernier dossier remis et de l'impossibilité d'atteindre un tel résultat en moins de temps », de prendre tous les jours dont il a besoin pour peaufiner.

Applications possibles

Dans toutes les situations où il y a un problème récurrent et pour lequel un certain nombre de choses ont déjà été tentées.

Dès qu'une problématique apparaît complexe et que les acteurs sont nombreux.

En cas de conflit qui perdure.

Lorsqu'on n'arrive pas à se maîtriser : stress, trac, colère, peur...

Apports et limites

Par son fondement constructiviste, ce modèle est éminemment respectueux de la vision du monde d'autrui : chacun construit sa réalité. Du fait de son assise systémique, il réduit la complexité et est très utile pour apprendre à porter un regard différent sur les problèmes humains, les siens comme ceux des autres. Enfin, sa dimension stratégique favorise la créativité. Si la théorie paraît simple, son application est, elle, résolument ardue et loin d'être magique. La stratégie requiert une grande exigence pour maintenir une ligne de conduite d'arrêt des tentatives de solutions, qui va souvent à l'encontre du sens commun et de l'inclination naturelle de tout un chacun – y compris et surtout des premiers intéressés. Cette posture paradoxale contraint donc à une vigilance et à un souci de précision permanents.

Les conseils de l'expert

Pour intégrer ce modèle dans sa pratique professionnelle, il importe de vérifier qu'on adhère véritablement à ses prémisses qui impliquent notamment de se détacher du diagnostic et de l'interprétation psychologiques. Sans cette adhésion initiale, il est vain d'aller plus loin.

Par ailleurs, la réussite de la stratégie dépend de notre capacité à adopter une posture d'anthropologue sans *a priori*. Enfin, plutôt que de s'aventurer sur le terrain du changement pour l'autre, il vaut mieux commencer par soi-même en testant le fait de cesser de faire toujours plus « de la même chose » face à un problème. Pour conclure, puisque cette approche se veut éminemment constructiviste, disons qu'elle n'est pas meilleure qu'une autre, juste étonnamment différente.

« COMMENT ÇA MARCHE »

La compréhension du modèle requiert une formation sérieuse et sur plusieurs années, dispensée à l'École du Paradoxe à Paris ou à l'Institut Gregory-Bateson à Liège.

TÉMOIGNAGE

« De toute façon j'ai compris que cela ne servait à rien de dire à Hippolyte, mon chef, qu'il faut qu'il règle le problème des conflits dans l'équipe avec Adélaïde, donc je ne lui en parle plus. Du coup, j'ai accepté l'idée que ça ne changerait jamais. Moi je me sens mieux et lui, on dirait qu'il bouge un peu, mais ce n'est plus mon problème » (Ethan P., manager dans l'industrie graphique).

REPÈRES BIBLIOGRAPHIQUES

SERON Claude et WITTEZAELE Jean-Jacques, *Aide ou contrôle : l'intervention thérapeutique sous contrainte*, De Boeck, 1992.

GILL Lucy, *Comment réussir à travailler avec presque tout le monde*, Retz, 2006.

WATZLAWICK Paul, WEAKLAND John H., FISCH Richard, *Changements*, Le Seuil, « Points - Essais », 1981.

LA PROGRAMMATION NEURO-LINGUISTIQUE (PNL)

Mieux se connaître
Améliorer sa relation à l'autre
Communiquer
Résoudre les conflits
Stress, émotion

Par Sébastien THOMAS

Formateur, coach, consultant, préparateur mental d'athlètes de haut niveau, enseignant PNL certifié et directeur de Sport Entreprise Performance.

Historique et auteurs

La Programmation neuro-linguistique (PNL) est une méthode de communication et de changement, efficace, pragmatique et concrète.

Elle est née au milieu des années 1970 aux États-Unis. Ses fondateurs, John Grinder (linguiste et docteur en psychologie) et Richard Bandler (docteur en psychologie et mathématique), partent du postulat que « l'excellence humaine » peut être reproduite. Ils étudient alors les différents professionnels, experts dans leur domaine et réputés comme étant d'excellents communicants et acteurs du développement et du changement humains.

Leurs travaux ont été enrichis par l'étude de personnes de talents issus de milieux différents (sportifs, artistes, enfants, chefs d'entreprise...). Ils ont alors développé les moyens de modéliser (reproduire) des savoir-faire et de les transmettre aux personnes qui le souhaitent.

La PNL continue à évoluer et à s'enrichir au fil des années et des recherches.

Description de la PNL

La PNL n'est pas une théorie, mais un **modèle** qui décrit le fonctionnement humain (comportements et processus mentaux) afin de le reproduire.

Derrière ces trois lettres, on retrouve les principaux axes de la PNL :

- **programmation** car nous mettons en place au cours de notre vie des programmes pour décrire nos processus d'apprentissage, notre manière de penser, de ressentir et de nous comporter;
- **neuro** car nous utilisons notre système nerveux et notre cerveau pour percevoir notre environnement, penser et ressentir;
- **linguistique** car notre langage reflète notre manière de penser et notre système de référence.

La PNL repose sur des fondements, aussi appelés «présupposés», dont les plus caractéristiques sont les suivants :

- **la carte n'est pas le territoire :** nous percevons le monde qui nous entoure (le territoire) par nos cinq sens et nous nous en faisons une représentation interne dans notre cerveau (la carte). Cette carte que nous avons construite ne représente donc pas la totalité de la réalité, mais seulement une interprétation subjective de celle-ci. C'est notre carte ou plutôt nos cartes qui déterminent le sens que nous attribuons à nos comportements. C'est généralement notre interprétation de la réalité qui nous limite ou, au contraire, nous rend plus fort, et non pas la réalité elle-même;
- **on ne peut pas ne pas communiquer :** la communication ne se limite pas à notre langage verbal; elle est un ensemble beaucoup plus vaste qui regroupe également notre gestuelle (langage non verbal), notre manière de parler (langage paraverbal), mais aussi nos émotions.

Les autres idées clés sur lesquelles repose la PNL sont les suivantes :

- plus on a d'options dans une situation donnée, mieux c'est;
- une personne fait toujours le meilleur choix en fonction de sa vision du monde;
- rencontrer l'autre dans son modèle du monde, c'est aussi accepter qu'il puisse avoir une vision différente de la nôtre;
- il existe une «intention positive» dans chaque comportement;

- chacun possède les ressources nécessaires pour atteindre ses objectifs;
- il n'y a pas d'échec, mais des points sur lesquels on peut s'appuyer pour progresser;
- la qualité de la communication se mesure à la réaction de notre interlocuteur;
- l'homme est bien plus complexe que les systèmes qui le représentent.

C'est sur ces présupposés que repose l'ensemble des outils et techniques de la PNL : apprendre à communiquer efficacement, déterminer un objectif, ancrer une ressource, repérer ses valeurs pour donner du sens à nos actions, dépasser des croyances limitantes...

Applications possibles

La PNL est utilisée dans des domaines aussi variés que la communication, la relation d'aide, la psychothérapie, l'enseignement, le sport, le coaching, la formation, le développement humain et le management.

En ce qui concerne le management, la PNL est particulièrement efficace lorsqu'elle est appliquée au domaine de la communication. Elle permet d'améliorer les relations interpersonnelles, d'avoir une meilleure connaissance de soi et des autres.

Elle permet aussi de construire et conduire des projets autour d'une vision commune, d'atteindre des objectifs en mobilisant les ressources individuelles et collectives, de motiver durablement, d'améliorer la cohésion d'équipe et la créativité.

La PNL sert également à mieux gérer ses états émotionnels et son stress et ainsi être capable de faire face aux différentes situations professionnelles et personnelles qu'une personne peut rencontrer tout en étant capable de dépasser certains freins ou limites.

Apports et limites

La PNL est un modèle qui propose un vaste panel de techniques et outils qui répondent aux besoins de tout être humain souhaitant s'épanouir. La PNL apporte également une vraie prise de conscience quant à la possibilité de chacun d'être pleinement acteur de sa vie et de son développement.

Cependant, il serait faux de croire qu'avec la PNL tout est possible, ce n'est pas de la magie. Comme beaucoup de techniques, elle nécessite un réel investissement. Son efficacité est incontestable, mais nécessite la compréhension et la maîtrise des outils. Un entraînement régulier est souhaitable pour optimiser les effets.

Les conseils de l'expert

Bien intégrer et maîtriser les outils et techniques avant de les utiliser.

Faire appel à une personne compétente, reconnue, expérimentée et référencée dans les différentes fédérations (Fédération francophone de PNL, NLPNL, FFPNL, FFCPRO...). Ne pas hésiter à poser des questions et à rencontrer différents professionnels avant de faire son choix. C'est une histoire de confiance. Un bon coach en PNL doit permettre à la personne d'atteindre ses objectifs dans le respect d'elle-même, sans jugement et dans une parfaite confidentialité.

Aller à son rythme dans l'apprentissage et l'intégration des outils PNL.

Adopter une attitude juste en accord avec le modèle PNL.

« Comment ça marche »

Pour utiliser la PNL, il est nécessaire de commencer par suivre un stage de « base » sur les fondamentaux de la PNL et de se familiariser avec les premiers outils et techniques. Ce premier stage, d'une durée de deux à trois jours, permettra également d'apprécier l'efficacité du modèle. Cet apprentissage peut être complété par de nombreux ouvrages, des plus « généralistes » aux plus « thématiques ». Pour aller plus loin dans la maîtrise de la PNL, les différentes écoles de formation proposent un cursus divisé en plusieurs niveaux progressifs de six à dix jours chacun.

Des formations nombreuses sur le management proposent également des outils PNL adaptés.

Témoignage

« J'ai découvert les outils de la PNL lors d'un coaching de performance qui avait pour but d'améliorer mon management et notamment d'être capable de maintenir la motivation de mes collaborateurs. Après quelques séances, j'ai pu voir la différence, notamment dans ma manière de communiquer avec eux. J'étais plus à l'écoute et j'arrivais mieux à m'adapter à mon interlocuteur et à comprendre ses besoins sans le juger. Les outils sont faciles à comprendre, pragmatiques et très efficaces rapidement. À la fin du coaching, je me suis senti plus à l'aise avec mes collaborateurs, je parvenais même à les motiver en faisant passer mes messages d'une manière plus claire. J'envisage aujourd'hui de proposer une formation PNL à mon équipe» (Franck, manager dans une grande multinationale française).

Repères bibliographiques

Grinder John et Bandler Richard, *Les Secrets de la communication*, Les éditions de l'homme, 2005.

Cayrol Alain et Saint Paul Josiane (de), *Derrière la magie*, InterÉditions, 1984.

Cayrol Alain et Barrère Patrick, *La Programmation neurolinguistique (PNL)*, ESF éditeur, 1999.

Saint Paul Josiane (de) et Tenenbaum Sylvie, *L'Esprit de la magie*, InterÉditions, 2005.

Cudicio Catherine, *Comprendre la PNL*, Éditions d'Organisation, 2006.

36

LA PROCESS COM®

Mieux se connaître
Améliorer sa relation à l'autre
Manager et motiver les personnes et les équipes
Communiquer
Leadership et performance
Stress, émotion

Francis COLNOT
Formateur en communication/management/développement personnel.
Coach de dirigeants et développement personnel.
Coach de dirigeants et d'équipes Cabinet Atout Coach.

Historique et auteur

Issue de l'Analyse transactionnelle (*cf.* page 11), la Process Com® est un outil de communication créé aux États-Unis dans les années 1970 par Taibi Kahler, docteur en psychologie, lauréat du prix Eric Berne en 1976. La NASA a collaboré financièrement aux recherches sur la Process Com® dans le cadre du recrutement des astronautes en vue de constituer des équipes homogènes.

Description de la Process Com®

La Process Com®, en tant que modèle typologique de personnalités, met en évidence un « processus » de communication interpersonnelle à la fois opérationnel et ludique. Celui-ci résulte de l'observation des comportements positifs et négatifs des individus dans leurs interactions. La finalité de cet outil est de développer nos capacités et ressources relationnelles, notamment dans le processus de management. Il s'agit d'apprendre à mieux communiquer, c'est-à-dire de veiller, en premier lieu, à la façon dont nous exprimons nos messages plutôt qu'à leur contenu même. Le « comment » est ici plus important que le « quoi ». S'il est par ailleurs généralement admis que la bonne transmission/réception d'un message dépend aussi de la qualité de la relation établie entre deux individus au moins, alors la Process Com® permet en l'occurrence à celui qui l'utilise d'apprendre à la fois à mieux se connaître et à mieux appréhender l'autre. Elle donne des clés pour mettre en place des stratégies de communication constructives et adaptées en fonction des interlocuteurs en présence.

La Process Com® a pour visée d'améliorer nos capacités d'établir et de maintenir une communication positive avec notre interlocuteur. Cela suppose de le reconnaître et de le respecter dans sa (ses) différence(s), de créer et conduire avec lui une interaction appropriée et, en entreprise, d'adopter un style de management adéquat. L'autre est d'autant plus motivé qu'il se sent en phase avec nous. La Process Com® nous permet ainsi d'individualiser notre communication et d'éviter - autant que faire se peut - les pièges des situations stressantes, dites de mécommunication.

Le modèle (les points essentiels)

Les 6 types de personnalité

Chacun de nous développe au cours de sa vie, à des degrés différents, les caractéristiques des 6 types de personnalité (Empathique, Travaillomane, Persévérant, Rêveur, Rebelle, Promoteur). Chacun possède un type de personnalité de base.

Nous pouvons développer par ailleurs, au cours de notre histoire, les caractéristiques d'un autre type de personnalité que notre base. Ce faisant, nous « changeons de phase ». C'est dans notre phase actuelle que se trouvent nos sources les plus puissantes de motivation et c'est à partir de notre phase actuelle que surgissent les réactions les plus probables que nous manifesterons en cas de stress.

Après passation de son inventaire de personnalité, chacun reçoit ses résultats sous la forme d'un immeuble de personnalité stylisé et confidentiel. Il est composé de 6 étages (6 types), de la base (1er étage) au type de personnalité le plus éloigné (6e étage). Il est muni d'un ascenseur permettant de monter dans les différents étages afin de développer les capacités (ressources) de tous les types.

À chacun des types de personnalité correspondent des comportements spécifiques hors stress et sous stress. Il n'y a aucun jugement moral quant aux différents types.

Quelques caractéristiques :

- type Empathique : chaleureux, sensible, compatissant ;
- type Travaillomane : logique, organisé, responsable ;
- type Persévérant : dévoué, consciencieux, observateur ;
- type Rêveur : calme, imaginatif, réfléchi ;
- type Rebelle : spontané, créatif, ludique ;
- type Promoteur : adaptable, charmeur, plein de ressources.

Nous sommes tous une combinaison des 6 types de personnalité (immeuble de 6 étages) avec 2 composantes majeures : la base et la phase.

Les 8 besoins psychologiques (leviers de motivation)

Composante clé de la Process Com®, cette thématique du modèle nous permet de comprendre les besoins fondamentaux qu'il nous faut avant tout satisfaire pour développer notre énergie et notre motivation. Ces besoins nous permettent d'agir sur celles-ci et sur celles des autres de manière positive.

À chaque type de personnalité correspondent un ou deux besoins psychologiques que l'individu doit apprendre à satisfaire pour lui-même et chez l'autre dans la relation afin d'éviter les pièges du stress.

Les 6 canaux de communication

Il existe 6 canaux de communication (longueurs d'ondes) correspondant aux différents types de personnalité. Pour « se brancher » sur son interlocuteur, il importe d'utiliser le bon canal.

Les 6 perceptions

Confrontés à un même stimulus, les différents types de personnalité réagissent de manière différente (pensée factuelle, opinions, émotion, action, réaction).

Tous identifient les choses et les événements selon leur propre mode de perception.

Les 4 styles de management

Chacun de ces styles correspond à la manière dont chaque type produit et s'adapte naturellement à une manière plus spécifique de manager les autres.

Chaque style possède des avantages et des inconvénients selon le type de personnalité auquel il s'adresse ; la meilleure solution de flexibilité étant de développer un style de **management individualisé**.

La mécommunication et les comportements sous stress

Les 3 degrés de stress pour chacun des types :

- 1er degré (les drivers : signaux d'alarme) ;
- 2e degré (les masques : conflits ou rupture de la communication) ;
- 3e degré (blocage, rupture).

Les 6 scénarios d'échec

Ils amènent à prendre en compte le concept des scénarios de vie, l'un des thèmes centraux de l'Analyse transactionnelle.

Les 6 mécanismes d'échec

Ces comportements d'échec apparaissent au 2e degré de stress et correspondent aux 6 types de personnalité. Prévisibles et observables, ils sont d'origine inconsciente.

Applications possibles

La Process Com est un outil de communication formidablement efficace s'il est manié avec circonspection et suffisamment de pratique. Opérationnel dans les différentes situations de management, de coaching, de formation et/ou de communication interpersonnelle, il permet de déjouer les pièges de la mécommunication (comportements sous stress) et de construire des échanges fluides vers un objectif commun. Son usage et sa pertinence se révèlent tout autant dans les différents domaines de la vie personnelle des individus.

Apports et limites

La Process Com®, en tant que processus de communication, est à la fois un réducteur de complexité et un modèle de tolérance. Elle ne prétend ni définir une fois pour toutes un individu multiple en soi ni le résumer à un simple type de personnalité. Il serait très dangereux, contraire à toute règle éthique, de cataloguer, d'étiqueter une personne ou de *l'enfermer* dans une typologie. La Process Com® propose en revanche d'intégrer un certain nombre d'indicateurs permettant une meilleure compréhension des personnes et de soi-même.

Les conseils de l'expert

La Process Com® nécessite une pratique permanente afin de parvenir à une maîtrise souple de l'outil. Par ailleurs, il importe de confier le débriefing de son inventaire de personnalité à un formateur certifié ou à un coach agréé Process Com®.

« Comment ça marche »

Passer l'inventaire de personnalité prend de vingt à trente minutes : il s'agit de répondre à 22 items à réponses multiples facilitant la compréhension et l'analyse de nos réactions. Il est individuel et confidentiel. L'idéal est de prendre contact avec un formateur certifié qui expliquera comment procéder et débriefera l'inventaire de personnalité avec toutes les subtilités et nuances qu'un tel outil permet.

Pour se former à La Process Com® et l'utiliser dans son quotidien professionnel, voire personnel, il convient de suivre une formation d'une durée de trois ou quatre jours.

La Process Com® est également utilisée en coaching pour des demandes relevant notamment de problématiques communicationnelles en entreprises.

Témoignage

« Je rencontrais dans mon métier des problèmes récurrents de communication non seulement avec certains de mes collaborateurs – toujours les mêmes –, mais aussi avec des clients que je considérais comme difficiles. L'apprentissage puis la pratique de la Process Com® m'ont permis de comprendre mes propres limites dans l'échange, d'en décrypter les mécanismes, et surtout de mettre en place de nouvelles stratégies qui s'avèrent aujourd'hui plus productives. J'ai appris à identifier les signaux qui déclenchent le stress chez moi, de les repérer chez mes interlocuteurs, de manière à pouvoir éviter les situations de conflits » (Xavier N., responsable clientèle dans une société de services).

Repères bibliographiques

Becquereau Christian, *Process Com pour les managers*, Eyrolles, 2008.

Collignon Gérard, *Comment leur dire...*, InterÉditions, 2002.

Dubourg Patrice, *Découvrir et pratiquer la Process Com*, Eyrolles, 2009.

Kahler Taibi, *Communiquer, motiver, manager en personne*, InterÉditions, 2003.

Lefeuvre Jérôme, *S'entraîner à la Process Communication au quotidien*, InterÉditions, 2008.

37

LES NOTIONS DE RÉALITÉS

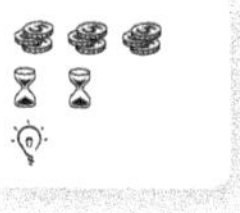

Améliorer sa relation à l'autre
Communiquer
Résoudre les conflits

Par Frédéric DEMARQUET
Consultant, formateur, coach, expert en management, communication, développement perso-professionnel et pédagogie.

Historique et auteur

Les notions de réalités ont été mises en évidence par le groupe de Palo Alto dans les années 1950. Ces notions seront ensuite reprises par différents courants de communication, entre autres par la Programmation neuro-linguistique (*cf.* la PNL p. 162).

Paul Watzlawick, thérapeute et chercheur, fut l'un de ceux qui permit d'approfondir cette question en devenant l'une des figures majeures du courant constructiviste. L'une des théories majeures de ce courant postule qu'il n'existe pas de réalité, mais que la réalité est une construction mentale que l'on élaborerait à partir de nos vécus, croyances, cultures; en un mot, de ce que l'on appelle notre référentiel. Il existerait deux types de réalités : celles dites de premier ordre et celles dites de second ordre. On dira que les réalités de premier ordre sont les réalités scientifiquement prouvables et celles de second ordre, celles qui émanent de notre construction mentale.

Par exemple, dire que l'eau est composée de deux atomes d'hydrogène et d'un d'oxygène est une réalité de premier ordre alors que se représenter l'eau comme la mer agitée, une rivière tranquille, une boisson rafraîchissante est une réalité de second ordre et émane directement de nos représentations.

Les réalités de second ordre sont à l'origine de nombreuses difficultés de communication.

Description des notions de réalité

Avant de décrire la méthode, nous allons évoquer ce qu'est l'information. L'information est une différence perçue par nos sens, et cette différence dans notre perception va entraîner une différence dans notre référentiel.

Exemple : une personne entre dans une pièce dans laquelle se trouve un bouquet de lys. Ce qu'elle perçoit en entrant est la différence d'odeur entre l'endroit où elle se trouvait précédemment et cette pièce. Elle perçoit donc une information. Si cette personne reste un certain temps dans la même pièce, elle finit par ne plus rien sentir car il n'y a plus de différence et donc plus d'information.

La méthode consiste donc à rechercher de l'information sur le référentiel de l'autre et donc sur sa perception de la réalité afin d'intégrer à notre propre référentiel une partie de cette autre réalité. On est ainsi en mesure de mieux comprendre ce que l'autre nous dit afin de mieux communiquer.

Nous allons appeler cette méthode le **SEQI©** :

- **S**ilence
- **É**coute
- **Q**uestion
- **I**ntégration

Silence : faire silence non seulement verbalement, mais surtout faire silence en soi, mettre son référentiel en « sourdine ». Il s'agit là de faire taire ses préjugés, ses idées toutes faites, ses interprétations hâtives...

Écoute : écouter l'autre globalement, faire l'effort de comprendre un peu son référentiel, sa réalité. Une écoute globale demande d'écouter les mots, le verbal, mais également le non-verbal (attitudes, regards, gestes, postures, expressions...), le paraverbal (intonations, débit, couleurs vocales...) et enfin la transmission émotionnelle.

Questionnement : ouvert, sans orienter l'autre dans une direction qui serait celle de nos préjugés et qui émanerait de notre réalité. Laisser à l'autre tous les choix de réponses possibles.

Intégration : le temps pendant lequel nous allons laisser ces nouvelles informations entrer dans notre référentiel, influencer notre réalité en s'approchant un peu de celle de l'autre.

Plutôt que de voir cette méthode en quatre temps, il est plus judicieux de la voir en quatre attitudes qui cohabitent dans une même attitude globale. Cette attitude globale va permettre de mieux s'ouvrir à la réalité de l'autre et de coconstruire avec lui une réalité nouvelle faite de morceaux de la réalité de chacun. Il devient alors possible d'entrer pleinement en relation et de communiquer efficacement, dans le respect de chacun, et orienté vers des objectifs communs.

Applications possibles

Cette méthode est utilisable en toutes situations de communication, d'échanges, de relations et de liens.

Exemples d'utilisations possibles :

- management situationnel;
- communication interpersonnelle;
- gestion de conflits, médiation;
- mise en place d'objectifs;
- animation de réunions;
- brainstorming;
- accompagnement du changement...

Apports et limites

Cette méthode peut vraiment nous permettre de devenir un communicant efficace et respectueux de soi et de l'autre. En cela, elle nous mène vers une posture assertive dans la relation. Elle nous aidera dans l'atteinte de nos objectifs avec nos collaborateurs.

Nous aimerions cependant attirer votre attention sur un écueil possible : la recherche d'information ne doit en aucun cas devenir une intrusion dans la réalité de l'autre sous peine de voir celui-ci se refermer et bloquer l'échange. La recherche d'information demande avant tout l'échange d'information et nous devons donc donner aussi de l'information afin d'être dans une réelle coconstruction.

Les conseils de l'expert

Prendre le temps serait le conseil premier que nous aimerions partager. En effet, lorsqu'on utilise ce mode d'interactions pour rechercher de l'information et mieux comprendre la réalité de l'autre, cela implique de prendre le temps d'écouter, de comprendre, d'intégrer. Dans les organisations en général, nous manquons de temps et la difficulté majeure sera sûrement de trouver ce temps. Cependant, nous aimerions attirer votre attention sur le gain de temps lorsque l'on comprend mieux l'autre et qu'il nous comprend également. Que de temps perdu dans les incompréhensions... Prendre le temps de tester et observer le résultat pourrait être un premier pas significatif vers ce mode de communication.

« Comment ça marche »

Commencer par se poser la question de sa propre réalité, de sa propre perception et de son influence sur sa communication.

Autodiagnostiquer alors l'ouverture que l'on a sur les réalités de nos interlocuteurs.

Tester alors le SEQI dans des situations simples dans lesquelles on se sent en confiance.

Lorsque l'habitude de la posture s'ancre, la tester dans des situations plus complexes.

Observer alors le comportement de l'autre. C'est intéressant de constater que, lorsque nous utilisons cette méthode avec d'autres, ceux-ci tendent naturellement et par synchronisation à l'utiliser en retour avec nous.

Témoignage

« Lorsque j'ai suivi une formation sur le thème du "Manager communicant", j'ai tout d'abord été sceptique en découvrant la méthode SEQI. Je me disais que je n'aurai jamais le temps de communiquer de cette manière. Pourtant, j'ai progressivement mis en place de nouveaux comportements et les répercussions ont été plus importantes que je l'aurais imaginé » (Pierre C., manager).

Repères bibliographiques

Watzlawick Paul, *La Réalité de la réalité,* Le Seuil, coll. « Points Essais », 1978.

Watzlawick Paul, *Les Cheveux du baron de Münchhausen,* Le Seuil, coll. « Points Essais », 1991.

LE SCORE

Odile Bernhardt
Coach, formatrice en relations humaines, enseignante en PNL.

Historique et auteur

Le SCORE a été créé par Robert Dilts (*cf.* Niveaux logiques de Dilts, page 153) et Todd Epstein, deux développeurs de la PNL dans les années 1980. Le SCORE complète et enrichit le modèle de changement en PNL : « État Présent + Ressources = État Désiré » en distinguant au sein de l'État Présent : les causes et les symptômes (l'espace problème); au sein de l'État Désiré : l'objectif et l'effet de l'objectif (l'espace solution).

Description du SCORE

En management, le SCORE est un modèle permettant la mise à plat d'une situation insatisfaisante afin de chercher de nouvelles solutions et de distinguer les buts (objectif et effet) des moyens (les ressources).

Le SCORE est un acronyme qui se décline de la façon suivante :

- S : Symptôme(s) de la situation actuelle : ce sont les faits, actions, émotions ou pensées qui posent problèmes au moment de l'analyse;
- C : Cause(s) de la situation actuelle : ce sont les événements internes ou externes qui ont créé et/ou maintiennent les symptômes dans la situation actuelle;
- O : Objectif(s) : ce que la personne veut à la place de la situation problématique, ses objectifs dans le futur;
- R : Ressources à mettre en œuvre : ce sont les moyens internes ou externes qui vont permettre de passer de la situation actuelle (les symptômes) à la situation future (les objectifs);

- E : Effet(s) de l'objectif atteint : ce que permettra la réalisation de l'objectif, autrement dit, les bénéfices, l'objectif final.

Le SCORE peut être utilisé au sol en positionnant des papiers dans l'espace comme ci-dessous. Nous distinguerons alors ce qui caractérise l'État Présent ou situation actuelle de l'État Désiré ou situation future.

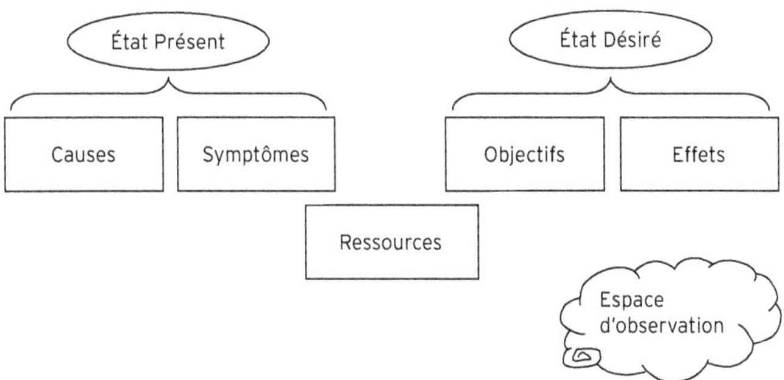

Pour accompagner un collaborateur dans la mise à jour d'une situation problématique, le manager va poser des questions en installant la personne dans chaque zone :

- espace de l'État Présent :
  - symptôme : quelle est la situation actuelle insatisfaisante ? Qu'est-ce qui caractérise cette situation ?
  - cause : d'où vient la situation actuelle ? Quelles sont les causes de la situation actuelle ?
- espace de l'État Désiré :
  - objectif : que voulez-vous à la place de la situation actuelle ? Quels sont vos objectifs ?
  - effet : que vous apportera la réalisation de vos objectifs ?
- espace des Ressources :
  - ressources : de quoi auriez-vous besoin pour atteindre vos objectifs ? Quels sont les moyens à mettre en œuvre ?

Il s'agit de déplacer physiquement la personne sur chaque espace formalisé par un papier au sol, en commençant par les symptômes, puis, dans l'ordre, causes, l'objectif, les effets, enfin, les ressources. Les réponses sont donc ancrées dans chaque espace au sol et permettent, à partir de la position d'observation ,de comprendre la cohérence de la logique de la personne qui s'exprime. Des aller-retour vont, si nécessaire, permettre la mise à jour d'informations et apporter des clarifications à la personne qui s'exprime sur ses objectifs ou ses ressources à mettre en œuvre.

Applications possibles

Le modèle du SCORE est utilisable en management :

- pour formuler un objectif qui ait du sens en reliant l'objectif à ses finalités ;
- dans les situations floues, où il est important d'établir un diagnostic clair de la situation actuelle, de la situation future satisfaisante et des moyens à mettre en œuvre en situation individuelle ou d'équipe.

Exemple : un salarié déclare : « Je ne sais pas ce qui se passe, je ne suis plus motivé. » Le SCORE l'aide à prendre conscience des causes de la situation : une absence d'augmentation de salaire accompagnée d'un changement hiérarchique mal vécu ; puis à focaliser sur le symptôme : une absence de motivation qui se traduit par un manque d'action. L'objectif du salarié devient alors de traiter de nouveaux dossiers grâce auxquels il peut continuer à apprendre. Il décide de mettre en œuvre des ressources internes : aller s'intégrer à une équipe projet qui l'intéresse et des ressources externes en demandant une formation complémentaire ;

- lorsqu'un problème est complexe et demande de prendre du recul pour analyser les différentes options qui se présentent. Un problème se définit par un écart entre la situation actuelle et la situation future. Le SCORE permet alors de distinguer les différents problèmes se présentant, de les segmenter et de chercher des solutions pour chaque problème.

APPORTS ET LIMITES

Pour le manager, l'intérêt du SCORE est la simplicité d'utilisation de ce modèle et l'aide à l'analyse des situations. Il peut l'utiliser pour lui-même ou le proposer à un collaborateur. En donnant une structure de réflexion, le SCORE permet une prise de recul au manager confronté à des situations individuelles ou d'équipe souvent complexes. Il s'agit d'une grille de lecture qui est systémique et peut permettre de défocaliser d'une situation problématique ou au contraire de focaliser sur des éléments de détail. L'outil est un guide sur la structure non sur le contenu. Il ne peut pas être utilisé pour faire passer des messages, si ce n'est pour les structurer : voilà où nous en sommes (S) et d'où ça vient (C); voilà où nous voulons aller (O) et ce que cela va nous apporter (E); voilà les moyens dont nous allons disposer (R). Il apporte les réponses que la personne et/ou l'équipe peut apporter à elle-même : il n'y a pas d'apport de contenu.

La limite de l'utilisation de l'outil reste la capacité du manager à sortir d'un mode de relations strictement hiérarchiques pour aller vers un mode d'accompagnement des personnes encadrées.

Les conseils de l'expert

Le SCORE est facile d'utilisation si vous vous autorisez à l'utiliser et peut être aussi une simple grille d'écoute et de questionnement sans installer de papiers au sol. Ce modèle est très efficace quand il est employé sans connaître les réponses à l'avance. Un manager qui le manierait pour obtenir des réponses prédéterminées n'obtiendrait pas le résultat souhaité.

« COMMENT ÇA MARCHE »

Le SCORE ne demande pas de formation préalable, il peut être facilement appréhendé dès l'acquisition des questions de base pour chaque lettre. Le plus simple est de l'utiliser pour soi au début puis de le proposer à quelqu'un d'autre pour apprendre à poser les questions de mise à jour de chaque « espace ».

Témoignage

« J'ai immédiatement utilisé le SCORE à la sortie d'une formation pour mettre à plat mes objectifs de l'année à venir. Avec le SCORE, la situation est devenue beaucoup plus claire, j'ai compris d'où venaient mes doutes et j'ai pu reprendre contact avec la finalité de mon objectif » (Jean-Louis, responsable formation d'une association d'insertion).

Repères bibliographiques

Dilts Robert, *Modéliser avec la PNL*, InterÉditions, 2004.

LA GRILLE SOCIO-DYNAMIQUE

Manager et motiver les personnes et les équipes
Accompagner le changement

Par Daniel OLLIVIER

Consultant et formateur, il accompagne des projets à forte implication humaine. Il a eu l'opportunité de participer à la mise en œuvre opérationnelle de la Grille socio-dynamique auprès de Jean-Christian Fauvet.

Historique et auteur

La socio-dynamique est née dans les années 1970 pour apporter une méthode d'analyse et d'action dans la gestion des conflits sociaux qui entravaient le développement des entreprises. Elle devient dans les années 1980 un support reconnu dans la conduite des projets d'entreprise puis ensuite dans l'analyse humaine et culturelle du changement. L'histoire retiendra que Jean-Christian Fauvet, dans le cadre du cabinet Bossard Consultants, est l'initiateur de cette approche. La socio-dynamique s'appuie sur le jeu de go pour proposer une approche innovante et très pragmatique des relations sociales.

Description de la grille socio-dynamique

La grille socio-dynamique permet d'analyser le positionnement prévisible des différents acteurs (entités ou personnes) impliqués dans un projet.

Elle prend en compte le niveau de **synergie** (pour, avec) de chaque acteur mais aussi son niveau d'**antagonisme** (contre, au détriment) et offre ainsi une vision globale des forces en présence.

► Voir la figure de la page 6 du cahier central couleur.

La démarche vise à s'interroger d'abord sur le niveau de synergie avant de statuer sur celui de l'antagonisme. Chaque axe différencie 4 niveaux dont les deux strates les plus élevées portent sur le passage à l'action et la prise d'initiative.

La cartographie obtenue permet ainsi de définir les alliances à construire pour conduire efficacement le projet, à partir de l'influence des différents acteurs.

La Grille socio-dynamique fait ressortir des profils comportementaux dont les principaux sont les suivants :

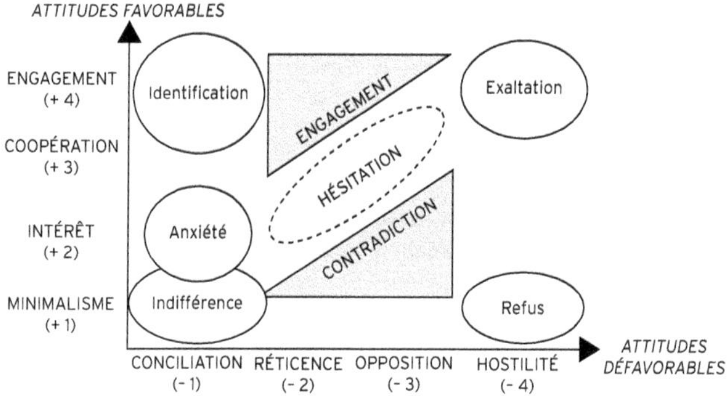

Les acteurs clés se situent dans les postures «engagement» et «contradiction» puisqu'ils sont capables d'influencer les pratiques de ceux qui se situent dans leur propre environnement. L'attitude de «refus» n'a pas de réel poids sur la dynamique de groupe parce que trop marginale : personne ne se reconnaît dans cette position jusqu'au-boutiste. En revanche, il est nécessaire de veiller à ce qu'elle ne soit pas utilisée pour destabiliser l'encadrement.

L'analyse d'un tel tableau permet de construire un plan d'action qui prend en compte les caractéristiques individuelles, mais aussi les interactions entre les acteurs. Elle vise à mettre en valeur l'énergie que l'on va devoir mettre pour valoriser et associer les alliés, mais aussi celle qu'il faudra déployer pour combattre ses détracteurs. L'enjeu consiste à utiliser l'effet judo des tenants de la «contradiction» pour mettre l'esprit critique de certains leaders d'influence au service du projet.

Applications possibles

La Grille socio-dynamique trouve des applications dans la conduite des projets complexes, mais elle peut aussi être utilisée par les managers au sein de leur propre équipe sur des problématiques à enjeux : satisfaction client, esprit d'équipe, responsabilisation.

Apports et limites

Cette grille appelée par ailleurs « cartographie des partenaires » vise à identifier et à utiliser au mieux le champ de force de comportements qui s'affrontent mais aussi se complètent.

Ce support a l'ambition de prévoir un positionnement à venir. Nous savons qu'il y a de la récurrence dans la manière dont les collaborateurs se comportent, mais qu'il y a aussi des évolutions liées au parcours de l'intéressé ou à son environnement professionnel.

Il est donc important d'être prudent dans les réponses apportées et le support est en lui-même une garantie supplémentaire d'objectivité car il nous oblige à prendre en compte la synergie et à ne pas seulement se focaliser sur l'antagonisme. Nous avons toujours plus de facilité à repérer l'antagonisme qui caractérise son positionnement que sa synergie. Dans la réussite d'un projet, ce n'est pas l'existence de l'antagonisme qui pose problème... c'est l'absence de synergie.

Les conseils de l'expert

Une utilisation efficiente de cette grille exige d'être au clair sur le point d'application. Envisager une analyse dans l'absolu est tendancieux. Dans le cadre d'un projet, il est intéressant de réactualiser, à chaque phase clé du projet, l'analyse pour situer les évolutions de comportements et l'impact du plan de communication mis en place. Un collaborateur situé « en contradiction » peut se situer ultérieurement en position « engagement ». L'inverse est tout aussi possible. Sur l'esprit d'équipe, le même collaborateur peut être « hésitant » et « anxieux » sur la problématique de la responsabilisation.

« Comment ça marche »

Il est conseillé de découvrir l'outil avec un expert disposant d'une expérience opérationnelle. Une journée de formation s'avère nécessaire pour s'approprier la démarche autour d'une problématique concrète. Toutefois, la lecture d'ouvrages spécialisés représente une première entrée en la matière.

Témoignage

« J'ai eu l'occasion de découvrir cet outil il y a déjà quelques années dans la conduite d'un projet stratégique que l'on savait difficile à conduire puisqu'il avait un impact sur la gestion des horaires. Pas facile de faire accepter à des collaborateurs de devoir rester plus tard le soir alors que chacun aspire à pouvoir consacrer plus du temps à sa famille. À titre personnel, j'aime à l'utiliser avec mon équipe pour caler nos plans d'action et rappeler que la réticence au changement est un fait normal qu'il nous faut intégrer au quotidien » (Bernard, directeur régional).

Repères bibliographiques

Fauvet Jean-Christian, *La Socio-dynamique : un art de gouverner*, Éditions d'Organisation, 1983.

Fauvet Jean-Christian et Smia Marc, *Le Manager joueur de go*, Eyrolles, 2006.

Fauvet Jean-Christian, *L'Élan sociodynamique*, Eyrolles, 2004.

LA STRATÉGIE DU DAUPHIN™

Améliorer sa relation à l'autre
Accompagner le changement

Par Catherine TANGUY
Coach, consultante en alignement stratégique. Accompagne les équipes et les cadres dirigeants dans les dimensions stratégiques et managériales.

Historique et auteurs

« La Stratégie du Dauphin™ » est à la fois un ouvrage écrit par Dudley Linch et Paul L. Kordis et un séminaire de formation conçu et animé par Metafor International.

La méthode permet d'appréhender la complexité et d'engager des changements en se créant un nouveau type de mentalité.

La métaphore aquatique emprunte aux travaux d'ilya Priogine sur les structures dissipatives, celle des obstacles biopsychosociaux aux changements explorés par Clare W. Graves, celle des horizons temps d'Elliot Jacques, celle de la géométrie fractale de Benoît Mandelbrot et d'autres spécialistes de la théorie du chaos.

La Stratégie du Dauphin™, c'est la recherche opiniâtre de ce qui marche à la lueur des dernières recherches sur l'Homme, dans sa dimension biologique, sociale, interrelationnelle et dans le cadre du changement.

Description de la Stratégie du Dauphin™

Le livre et le séminaire suivent une logique qui va de la prise de conscience de ses propres limites vers un engagement puis la mise en œuvre de son projet.

Carpe, Carpe pseudo-éclairée, Requin ou Dauphin ?

Dans le bassin, c'est-à-dire le champ des possibles se meuvent des Carpes (impuissantes), des Requins (qui croient à la loi du plus fort), des Carpes pseudo-éclairées (que la vision d'un univers bienveillant utopique rend incapables d'assumer des responsabilités personnelles) et des Dauphins. Les carpes et les requins sont la proie de leur croyance en la pénurie. Le Dauphin, quant à lui, croit que la pénurie comme l'abondance sont des futurs possibles, sur lesquels il a prise. Cette première étape du livre va permettre de situer et de repérer grâce aux exercices de fin de chapitre ses rôles favoris et ceux des autres joueurs du bassin. Cette première étape constitue donc une prise de conscience personnelle qui va servir de socle aux propositions de changements de croyance dynamiques qui vont suivre.

Se libérer des stratégies inconscientes de jeux :

- mainmise (contrôle);
- renoncement (sacrifice);
- désengagement (non-contribution);
- compromis (insatisfaction équitable);
- percée (choix viable et global).

L'accent est mis sur l'appréhension des notions de jeux à somme négative (qui enlèvent de la richesse), à somme nulle (qui se contentent de transférer) et à somme positive (qui créent de la richesse), ainsi que l'ouverture vers des stratégies à jeux infinis qui repoussent les limites du possible.

Les liens naturels entre les jeux préférés des habitants du bassin sont faits sans manichéisme. Les cas spécifiques d'utilisation de jeux à somme nulle sont clairement explicités.

Ce zoom permet d'adopter des stratégies décisionnelles puissantes.

Chevaucher la vague du changement

Largement inspirés de la théorie du chaos, de la systémique et des interventions paradoxales, les auteurs nous guident dans l'orchestration du changement par soi même.

L'orchestration dans la durée

L'utilisation de l'horizon temps et la synchronicité entre valeurs, vision et actes sont les clés que nous livrent concrètement les auteurs pour ancrer l'harmonie dans un monde mouvant.

Vaincre les freins et les obstacles en chemin

Les éléments nous sont donnés pour adopter les bons réflexes au bon moment, ainsi que des éléments pour surmonter ses propres freins grâce à la « mappe cerveau »MC. La mappe cerveau MC permet de situer ses zones d'utilisation préférées du cerveau et d'élargir ses manières de penser et d'agir.

Applications possibles

Le cheminement permet le développement de ses propres ressources comme celles d'une équipe. C'est donc un outil de management qui va servir de colonne vertébrale aux équipes dans leurs projets, leurs relations et l'atteinte de leurs résultats. La métaphore crée un référentiel commun, et permet au manager :

- de mieux communiquer ;
- de mettre en œuvre des projets ;
- d'accompagner le changement ;
- de trouver des solutions élégantes – c'est-à-dire de maximiser les bénéfices et de limiter les effets indésirables – ainsi qu'innovantes et efficaces ;
- d'adopter des comportements de « dauphin » à savoir : ne pas perdre l'avenir de vue, chercher la bonne réponse, lâcher prise, articuler sa vision, se corriger, se diriger, se perturber, connaître sa position sur la « vague », utiliser la nouveauté, assumer ses responsabilités, créer des options, faire plus avec moins, faire autre chose, utiliser son cerveau dans sa totalité et être ouvert à la surprise.

Apports et limites

La lecture du livre permet de mieux se connaître et de mieux gérer l'inter relationnel, mais la richesse de l'ouvrage le rend peu accessible à des béotiens. Pour en tirer le meilleur profit, il peut être judicieux de concevoir un tableau de bord et de lui adjoindre des indicateurs de progrès propres à la philosophie Dauphin et à la situation.

En équipe, le séminaire de trois jours est plus puissant. Pour faire vivre la Stratégie du Dauphin™ au quotidien et dans la durée, l'implication personnelle du manager est déterminante. Une équipe qui aura suivi avec enthousiasme et profondeur le séminaire aura une lucidité accrue sur ce qui se passe dans l'environnement, une capacité d'autorégulation des jeux manipulatoires inhérents à la vie en groupe, donc un alignement renforcé par rapport à la stratégie, et une compétence accrue à poser des actions justes.

Les conseils de l'expert

- La puissance de la méthode va augmenter le niveau d'exigence des personnes par rapport à la stratégie et au leadership. Il convient donc de choisir le moment où lancer cette opération et de gérer le décalage éventuel avec d'autres personnes ou équipes, y compris la direction ;
- le séminaire est plus profitable pour des personnes ayant une certaine maturité ;
- la Stratégie du Dauphin™ produira plus d'effets dans des périodes de changement.

« Comment ça marche »

Adopter la méthode immédiatement comme support des projets et des réunions.

Faire vivre la sémantique, le référentiel commun et la transparence acquise au quotidien.

Faire un point au bout de trois à six mois d'utilisation.

Envisager le déploiement de la méthode dans toute l'organisation, dans les périodes de changement.

Témoignage

« J'ai suivi mon premier séminaire il y a dix ans. J'étais depuis quelques mois en situation de direction d'équipe, je suis aujourd'hui directeur général et j'ai déjà organisé mon troisième séminaire. Chacun, à sa façon, a vu des changements positifs dans sa manière d'aborder les sujets. Des liens extrêmement forts et élégants se créent dans la communauté des dauphins qui continuent à enrichir l'approche. Le besoin de partage et une ambition personnelle différente soudent les participants. Je ne connais pas de méthode plus puissante de management et de gestion du changement. Le seul regret qu'on puisse avoir, c'est que la Stratégie du Dauphin™ ne soit pas diffusée plus largement » (Yasmine J., directeur général dans le secteur de l'édition).

Repères bibliographiques

LYNCH Dudley, *Mother of all Minds*, Brain Technologies Press, 2003.

LYNCH Dudley et KORDIS Paul, *La Stratégie du Dauphin*, Les Éditions de l'Homme, 2003.

Site internet de référence : www.metafor.ca

LES STYLES SOCIAUX

Améliorer sa relation à l'autre
Communiquer

Par Jean-Benoît PARAT

Consultant associé chez Open'Act. Conseille et accompagne les organisations dans leurs projets d'évolution au travers de missions de conseil, de coaching ou de formations.

Historique et auteur

C'est en travaillant avec le Dr Don Shepherd que Jon Gornstein, président de Persona Global, a découvert les recherches du Dr Charles Osgood et son travail sur la sémantique différenciée comme outil d'évaluation et de mesure des comportements.

S'appuyant sur la théorie de la personnalité de Carl Jung[1], les recherches de Myers-Briggs (*cf.* MBTI®, page 140), du Dr Thomas Gordon, de Carl Rogers et ses idées sur le rôle de l'empathie dans les relations humaines, le Dr Shepherd a défini les échelles d'un outil permettant de fournir un retour d'image aux participants concernant leurs préférences, leurs besoins et leurs valeurs ayant un impact sur leur communication avec les autres.

Les deux dimensions de la matrice des styles de communication sont basées sur les travaux du Dr Osgood. Une des innovations majeures au regard d'autres approches basées sur les styles de personnalités a consisté à ajouter une mesure du niveau d'empathie et de flexibilité de chaque individu. L'accent mis sur l'empathie et la flexibilité - en plus des constantes du style de communication d'une personne - permet d'éviter des interprétations trop radicales ou simplistes.

1. Carl Gustav Jung, médecin, psychiatre, psychologue et essayiste suisse (1875-1961) est le fondateur du courant de la psychologie analytique dans la continuité puis en rupture avec Freud. Ses travaux notamment sur les archétypes ont inspiré de nombreuses approches comportementales du XXe siècle.

La conjugaison de ces théories et le développement de l'informatique ont permis de créer un questionnaire et un rapport individuel informatisé évaluant et comparant la propre perception de son style social et celle perçue par les autres.

Description des styles sociaux

Chaque individu est différent. Pour communiquer efficacement, il est nécessaire de s'appuyer sur les points forts de ses interlocuteurs et non de chercher à les changer. Le concept des styles sociaux délivre une grille opérationnelle permettant de mieux comprendre les autres. Il suffit pour cela d'identifier leurs comportements observables à partir de deux traits psychologiques : le niveau d'ascendance et le niveau d'émotivité.

L'identification du style social à travers les comportements observables permet de connaître les besoins fondamentaux de chacun et de les prendre en compte.

➤ Voir la figure de la page 7 du cahier central couleur.

Exemples

Si l'interlocuteur est du style « analysant », il a besoin de s'assurer de posséder toutes les informations nécessaires pour prendre ses décisions. Pour travailler efficacement avec lui, il convient de lui apporter toutes les données dont il a besoin pour le sécuriser.

Une personne du style « promouvant » a besoin d'estime. Il convient de montrer l'importance qu'on lui accorde et de valoriser ses idées et apports.

Un interlocuteur de style « contrôlant » a besoin d'avoir le sentiment de maîtriser les situations.

Une personne du style « facilitant » privilégiera la qualité de la relation pour satisfaire son besoin d'appartenance.

C'est en prenant en compte les comportements descriptifs observables de son interlocuteur et en s'y adaptant que nous construisons la confiance avec autrui. C'est en développant notre empathie et notre flexibilité que nous développons nos capacités à mieux comprendre les besoins d'autrui et à savoir tirer parti des différences individuelles plutôt que de les subir comme des contraintes.

L'identification des comportements défensifs apporte enfin les clés de relations plus productives.

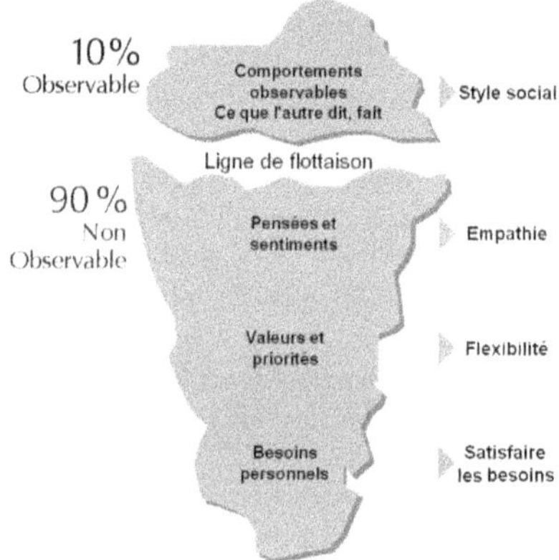

Applications possibles

Au niveau individuel, l'approche par les styles sociaux renforce les compétences relationnelles et managériales. Cette méthode permet à ceux qui l'appliquent de mieux prendre en compte les différences individuelles.

Au niveau d'une équipe, la méthode permet de développer ou de renforcer la confiance entre les différents membres de l'équipe et de tirer profit de leurs complémentarités.

Au niveau de l'organisation, la méthode contribue à décloisonner l'entreprise en favorisant des relations basées sur la prise en compte des besoins de chacun.

Apports et limites

Les styles sociaux reposent sur une grille de lecture simple et accessible par tous rapidement. L'outil offre une compréhension rapide de l'autre permettant de construire des échanges durables et d'éviter les difficultés relationnelles ou les incompréhensions. Si une paire de lunettes peut corriger la myopie, les styles sociaux permettent d'éviter les myopies relationnelles. C'est une grille de lecture indispensable pour comprendre et s'adapter à son interlocuteur.

Les styles sociaux sont un outil d'analyse et non d'évaluation. Ils donnent des pistes pour construire la confiance, mais ne remplacent pas la motivation et la volonté personnelle pour construire une relation durable ou faire face à certaines situations relationnelles difficiles.

Les conseils de l'expert

La plupart des dysfonctionnements entre les services ou départements sont davantage dus à des problèmes interpersonnels qu'à des problèmes organisationnels ou matériels. Les styles sociaux proposent une méthode opérationnelle efficace pour faciliter les échanges dans une équipe ou un service. Ils peuvent facilement devenir un référent culturel d'une organisation et faciliter la prise de recul et, par là même, l'efficacité collective de toute une organisation.

« Comment ça marche »

Un mois avant le séminaire ou le coaching, le participant reçoit sept questionnaires de 60 items chacun permettant d'identifier son style social. Cinq d'entre eux sont remplis par des personnes de son environnement professionnel. Un sixième permet d'évaluer le style d'une personne avec laquelle il semble important d'améliorer la relation. Le dernier est renseigné par le participant lui-même.

Les résultats du traitement sont remis personnellement à chaque participant. Ils lui indiquent :

- la façon dont il est perçu par les autres ;
- son niveau d'empathie ;
- son niveau de flexibilité ;
- la façon dont il se perçoit (autoperception) ;
- ses points d'appui et d'amélioration.

Quelques heures suffisent à chacun pour comprendre les styles sociaux, le modèle de confiance et d'en tester les applications concrètes. Quelques semaines suffisent pour améliorer ses capacités à mieux comprendre et gérer ses relations avec les autres.

Témoignage

« Se former aux styles sociaux est une expérience unique. Quatre ans après l'avoir suivie, il ne se passe pas un jour sans que j'en utilise encore les principes et apprécie leurs bénéfices » (Stéphane M., manager dans une PME).

Repères bibliographiques

Osgood Charles, *La Mesure de la signification*, Université de l'Illinois Press, Urbana, 1957.

Dionne Pierre et Ouellet Gilles, *La Communication interpersonnelle et organisationnelle : l'effet Palo Alto*, Éditions Gaëtan Morin, 1990.

Watzlawick Paul, *Une logique de la communication*, Le Seuil, 1972.

Burke Mike, *Les Styles de vie des cadres et des entreprises*, interÉditions, 1982.

LA SYSTÉMIQUE

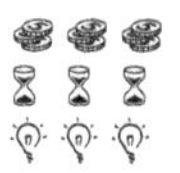

Améliorer sa relation à l'autre
Manager et motiver les personnes et les équipes
Communiquer
Accompagner le changement
Résoudre les conflits
Résolution de problèmes

Par Frédéric DEMARQUET
Consultant, formateur, coach, expert en management, communication, développement perso-professionnel et pédagogie.

Historique et auteur

L'approche systémique liée aux organisations et aux sciences humaines en général trouve son origine dans les recherches sur les systèmes effectuées dans des sciences très diverses : mathématiques, chimie, physique, cybernétique... Dans les années 1960, sous la direction de Grégory Bateson, puis de Paul Watzlawick et de bien d'autres chercheurs, au sein de l'école de Palo Alto, va naître un mouvement qui va révolutionner les sciences de la communication. S'inspirant des caractéristiques fondamentales des systèmes et des théories qui en découlent, ces chercheurs vont porter un regard nouveau sur les relations humaines, les interactions entre les individus et les groupes d'individus. Ils proposeront alors une approche constituée des concepts de base de la systémique et s'appliquant à la communication, à la complexité des organisations, au management, à la thérapie, au coaching, aux relations internationales...

Description de la systémique

Avant de décrire la méthode, définissons ce qu'est un système : un système est un ensemble complexe d'éléments ou de sous-systèmes organisés dans un environnement spécifique et qui interagissent entre eux.

En cela, une organisation est un système composé d'éléments et de sous-systèmes : acteurs, équipes, départements, filiales...

Les systèmes humains se comportent selon différentes propriétés sur lesquelles la méthode va reposer :

- **la finalité** est ce vers quoi tend le système, s'adaptant aux contraintes environnementales, pour assurer son développement ou sa survie ;
- **la totalité** correspond aux liens qui unissent les éléments en un tout et qui a pour conséquence que toute modification de l'un des éléments entraînera une modification du système dans son ensemble ;
- **la non-sommativité** qui insiste sur le fait que le tout est davantage que la somme des parties, puisqu'un système est constitué des parties et des interactions entre elles ;
- **l'équifinalité** qui stipule que tout système en contact avec d'autres systèmes ne sera pas dépendant de son état initial dans son évolution, du fait des interactions avec son environnement. Ainsi, un même état initial peut aboutir à des états finals différents, et des états initiaux différents peuvent aboutir à un état final semblable ;
- **l'homéostasie et la régulation** : tout système ouvert sur l'environnement tend naturellement à maintenir son état initial en s'autorégulant. C'est le principe d'homéostasie. Il s'agit d'un mécanisme de défense du système qui maintient ainsi sa norme, sa culture, ses règles, ses valeurs... Ce mécanisme s'oppose aux mécanismes de changement sous la forme d'une résistance ;
- **la complexité** correspond aux nombreux échanges et à toutes les combinaisons interactionnelles possibles au sein du système. De cette complexité naissent à la fois l'imprévisibilité et les possibilités d'adaptabilité ;
- **l'information** est la nourriture première du système. C'est elle qui crée la relation entre les éléments et qui influence le système. Il ne peut y avoir d'organisation sans information.

L'approche systémique est une approche qui vise un changement et qui s'appuie, d'une part, sur les propriétés des systèmes et, d'autre part, sur les spécificités de chaque système et de chaque élément. Toute intervention systémique repose sur l'élaboration d'une stratégie découlant de l'observation du fonctionnement intrinsèque et extrinsèque du système et est orientée vers la mobilisation des différents acteurs pour l'atteinte d'un objectif.

Contrairement à la logique analytique qui recherche les causes d'un problème et répond à la question « pourquoi ? », la logique systémique vise à éclairer l'objectif, bien souvent masqué par le problème et répond à la question « vers quoi ? ». La logique analytique peut néanmoins être un complément intéressant à la logique systémique.

Dans une approche systémique, les causes « intrapsychiques » liées à chaque individu seront abandonnées au profit des comportements interactionnels : le regard va être porté sur les relations entre les différents éléments du système, le mode de communication, les influences réciproques, les redondances interactionnelles...

La méthode en 5 étapes

1. Définir un objectif : un changement ne peut s'opérer que si nous avons une vision précise de l'objectif à atteindre et si cet objectif est réaliste et réalisable.

2. Rechercher les informations : observer le système dans son fonctionnement propre, interroger les différents acteurs sur leur position par rapport à l'objectif, comprendre leur fonctionnement interactionnel avec les autres éléments, les influences qu'ils exercent, leurs représentations de la situation (*cf.* les notions de réalités, page 173)...

3. Élaborer une stratégie : la stratégie sera élaborée à partir des éléments recueillis et de l'objectif. Cette stratégie visera à contourner les résistances du système, à trouver les leviers efficaces pour amorcer le changement. Elle devra reposer sur la norme du système tout en permettant à cette norme d'évoluer.

4. Mettre en action : engagement d'une dynamique de changement par la mise en place de différentes actions progressives qui vont avoir pour effet d'ouvrir le système à de nouveaux fonctionnements. Ces actions peuvent être très variables et doivent faire l'objet d'un choix stratégique conscient.

5. Réguler le système : les acteurs, les sous-systèmes et le système vont être soumis à des changements dans leur mode relationnel, dans la norme établie, dans leurs habitudes. Ces changements seront source de déséquilibre, d'inquiétudes, de stress... et il conviendra donc de réguler et d'accompagner les différents éléments du système à avancer vers un nouvel équilibre dans lequel sera intégré le changement souhaité. Un nouveau fonctionnement pourra alors voir le jour.

Applications possibles

Les utilisations de cette méthode dans le champ du management peuvent être nombreuses :

- porter l'équipe à maturité, créer de la cohésion;
- arbitrer des conflits, agir comme médiateur;
- faire circuler l'information, améliorer la communication interpersonnelle;
- améliorer la communication transverse, avec les clients...
- manager dans la différence (générationnelle, culturelle, personnalités...);
- générer de l'autonomie, de la motivation, de la confiance...
- accompagner le changement;
- devenir un manager/coach.

Apports et limites

L'approche systémique présente l'avantage d'être une approche ouverte et adaptable à toute situation. En cela, elle se différencie des modèles. Elle demande de prendre en compte tous les éléments présents et d'abandonner des résolutions de problèmes « clé en main », ce qui la place sûrement en première ligne des techniques de conduite et d'accompagnement du changement, mais qui la rend aussi parfois difficile d'accès. Utiliser l'approche systémique implique d'effectuer un premier changement important chez la personne qui l'utilise, à savoir de mettre en veille le mode binaire (la relation de cause à effet) qui est culturellement le plus répandu dans les civilisations occidentales pour passer à un mode dit de « tiers inclus » et qui tient compte de toutes les qualités émergeant des interactions entre les éléments du système : toi + moi n'égale plus deux, mais égale toi + moi + tout ce qui va naître de notre collaboration.

On voit qu'il s'agit là d'un changement important de regard sur les relations humaines. C'est ce changement de regard qui fait de l'approche systémique un outil puissant, mais également parfois une difficulté d'intégration.

Les conseils de l'expert

Avec la systémique, il convient de se laisser le temps de l'intégration des différentes théories et des méthodes qui en découlent. Il nous semble important, avec cette approche, de se former, puis de travailler sur des analyses de pratiques régulières puisqu'on ne peut travailler avec cette approche que sur des cas concrets. La supervision prend dans cette pratique tout son sens, ainsi que les groupes de codéveloppement. Progressivement, le changement de regard pourra s'effectuer et le réflexe interactionnel viendra compléter le réflexe analytique.

« Comment ça marche »

Pour intégrer la systémique à son management, il est préférable de se former auprès d'un formateur confirmé. La durée peut être variable : de deux à six jours en moyenne.

Il est également possible de suivre un coaching auprès d'un coach systémicien qui sensibilisera son coaché à cette approche.

Le codéveloppement ou coaching de groupe est également un bon moyen d'intégrer la systémique par un travail d'analyse en profondeur de situations vécues par les managers.

Enfin, lire un des ouvrages cités en référence permettra de s'ouvrir à cette approche.

Témoignage

« Après avoir suivi la formation "Manager avec la systémique", j'ai été très enthousiaste, mais également très inquiet. En effet, j'ai eu l'impression de découvrir un univers nouveau et porteur de belles perspectives de développement. Cependant, il me semblait presque impossible d'intégrer cette approche à mes pratiques. En fait, je crois que j'étais trop pressé et, le temps passant, j'ai pu commencer à décrypter les situations différemment et à commencer à mettre en place certaines stratégies nouvelles. Je fais aujourd'hui partie d'un groupe de codéveloppement sur ce thème, et cette approche, je crois que je peux le dire ainsi, a révolutionné mes pratiques managériales et, après un certain investissement, m'a permis un gain de temps considérable et des résultats parfois spectaculaires » (Gilles V., manager Projets).

Repères bibliographiques

BÉRIOT Dominique, *Manager par l'approche systémique*, Éditions d'Organisation, 2006.

BALTA François et MULLER Jean-Louis, *La Systémique avec les mots de tous les jours*, ESF, 2004.

MUCCHIELLI Alex, *Approche systémique et communicationnelle des organisations*, Armand Colin, 1998.

YATCHINOSKY Arlette, *L'Approche systémique*, ESF, 2005.

MARC Edmond et PICARD Dominique, *L'École de Palo Alto*, Retz, 2004.

TEAM MANAGEMENT SYSTEM (TMS)

Mieux se connaître
Améliorer sa relation à l'autre
Manager et motiver les personnes et les équipes
Favoriser la cohésion de l'équipe

Daniel DEGOVE
Consultant, formateur, coach. Accrédité Team Management System.

Historique et auteur

La méthode Team Management Systems (TMS), conçue et développée par Charles Margerison et Dick McCann, existe depuis plus de vingt ans. Traduite en une douzaine de langues, elle est utilisée dans le monde entier, mais plus particulièrement dans les pays nordiques et anglo-saxons, en Europe, au Canada et dans le Sud-Est asiatique, pour développer la performance des managers et de leurs équipes.

Les recherches menées par Charles Margerison et Dick McCann, deux consultants internationaux, sont fondées sur les travaux originaux de Carl Jung[1], en particulier sur les types psychologiques. L'approche TMS a adapté ces travaux aux réalités particulières du travail et du management.

Descriptif de Team Management System

La méthode TMS offre des modèles et des instruments de mesure pour évaluer et développer la performance professionnelle des personnes et des équipes.

En particulier le Profil TMS (TMI), élément de base de la méthode, identifie, pour la personne, ses préférences et ses atouts dans le travail sous une forme textuelle, quantitative et graphique. Ce profil lui permet de tirer le meilleur parti de ses forces au sein de l'équipe.

1. *Cf.* note p. 140.

La Roue TMS, au centre de la méthode, modélise dans le langage de l'entreprise les 8 fonctions essentielles dans le travail pour réussir, ainsi que les caractéristiques des personnes qui sont les plus aptes à les assumer.

Ces 8 fonctions sont les suivantes :

- conseiller : recueillir et transmettre l'information;
- innover : susciter et expérimenter de nouvelles idées;
- promouvoir : explorer et présenter les opportunités;
- développer : évaluer et tester la faisabilité de nouvelles approches;
- organiser : fixer et mettre en œuvre les conditions de réalisation;
- produire : finaliser et livrer les prestations;
- inspecter : suivre et vérifier le fonctionnement des systèmes;
- maintenir : préserver et consolider les standards et les processus.

Au centre du modèle des Fonctions dans le travail se situe la coordination, essentielle au succès. Outre l'adéquation de la personne à sa fonction, cette Roue favorise la compréhension mutuelle des personnes et permet de constituer des équipes aux forces complémentaires et équilibrées.

Le Profil des Compétences de Coordination (LSI) offre un feedback détaillé - « multiperspective » - de 11 compétences de coordination du manager. Il peut servir de base pour élaborer des programmes de formation spécifiques.

Ainsi, la méthode TMS s'avère un outil de management pragmatique et cohérent pour valoriser la diversité et dynamiser le potentiel humain, autant pour la personne que pour l'entreprise.

► Voir le schéma p. 8 dans le cahier couleur.

Applications possibles

- Développement personnel.
- Développement d'équipe.
- Constitution d'équipe.
- Entretien d'appréciation.

- Adéquation au poste.
- Gestion de carrière.

Apports et limites

La méthode Team Management System offre un outil de développement des équipes à partir des profils TMS des membres de celles-ci. Prenant pour base que chacun, du fait de sa personnalité, a des préférences pour certains rôles au sein d'une équipe, cette méthode souligne les parties positives et complémentaires de chacun pour bien répartir le travail au sein d'une équipe. Chaque membre de l'équipe peut alors trouver sa meilleure place. Ce modèle a le gros avantage de commenter les personnalités avec un vocabulaire professionnel : organisateurs, créateurs, développeurs, producteurs.

Le modèle a les limites de toute grille de lecture psychologique qui définit des « boîtes » alors que la personne concernée est unique, imprévisible et libre. Au formateur ou coach accrédité TMS, qui commentera son profil TMS à la personne, de ne pas se laisser emprisonner par le modèle pour identifier la personne avec ses préférences au sein d'une équipe, ses qualités et son unicité.

Les conseils de l'expert

Naturellement, comme pour toute grille de lecture psychologique, l'analyse du profil TMS doit être rendue à la personne concernée en face à face par un formateur ou coach accrédité « Team Management System ».
La conduite de l'entretien devant être réalisée par le formateur ou coach avec bienveillance, vigilance et qualité d'être de celui-ci.

« Comment ça marche »

1. La personne intéressée remplit un questionnaire papier ou « on line » de 60 questions, la réalisation prenant dix à quinze minutes. Ce questionnaire mesure l'approche du travail par la personne sur quatre dimensions que les recherches de Charles Margerison et Dick McCann ont attesté être de première importance :
   - comment la personne préfère-t-elle interagir avec autrui (Extraverti - Intraverti);

- comment préfère-t-elle recueillir et utiliser l'information (Pratique - Créatif) ;
- comment préfère-t-elle prendre ses décisions (Analytique - Basé sur les convictions) ;
- comment préfère-t-elle s'organiser et organiser les autres (Structuré - Flexible).

Un logiciel spécial traite les réponses et produit quatre scores indiquant la force des préférences sur chacune des quatre dimensions. Les recherches portant sur les rapports entre les préférences personnelles et les Fonctions dans le travail permettent, en combinant les quatre scores, d'attribuer un rôle principal et deux rôles connexes sur la Roue TMS. Le premier indiquant la préférence la plus forte dans le travail, les deux autres les préférences secondes.

2. Faisant suite à l'analyse de ce logiciel, la personne intéressée reçoit ainsi rapidement son Profil TMS (TMI), un document de 20 à 30 pages, qui précise donc bien ses préférences au travail ainsi que ses rôles préférés sur la Roue TMS (rôle principal et annexes).

La restitution du Profil et son interprétation doivent être faites directement par un professionnel accrédité.

Témoignage

« Début 2009, alors que je devais "réveiller une belle endormie" et lui redonner une dynamique gagnante, j'ai utilisé la méthode TMS pour renforcer mon comité exécutif. Ce fut un très bon outil pour moi de confirmation ou de découverte des forces de ceux sur lesquels je pensais m'appuyer, et pour ceux-ci de comprendre comment ils pourraient réussir en équipe tout en étant différents » (Bruno V., P-DG d'une entreprise d'équipements médicaux).

Repères bibliographiques

Margerison Charles et McCann Dick, *Team Management System*, InterÉditions, 1992.

Delivré François, *Le Métier de Coach*, Éditions d'Organisation, 2004

Jung Carl Gustav, *Types psychologiques*, Librairie de l'Université, Genève, 1950

44

THÉORIE ORGANISATIONNELLE DE BERNE (TOB)

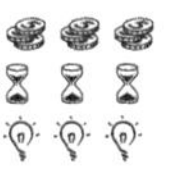

Accompagner le changement
Favoriser la cohésion de l'équipe
Leadership et performance

Par François KLEIN

Consultant. Coordinateur de la traduction de l'ouvrage d'Eric Berne *Structure et dynamique des organisations et des groupes.*

HISTORIQUE ET AUTEUR

Fondateur de l'Analyse transactionnelle (*cf.* page 11), Eric Berne a rédigé à partir de sa pratique de thérapeute de groupe et d'intervenant en hôpital, un ouvrage, *Structure et dynamique des organisations et des groupes* (1966). Par la suite, Elliot M. Fox a structuré et schématisé une interprétation de cet ouvrage dans un article intitulé en français la « Théorie organisationnelle de Berne », connu sous le nom de schéma de Fox.

DESCRIPTION DE LA THÉORIE ORGANISATIONNELLE DE BERNE

La Théorie organisationnelle de Berne (TOB) est un outil de diagnostic des organisations et des groupes. Elle peut s'appliquer aussi bien à une équipe qu'à une entreprise. Cette approche facilite la définition des hypothèses sur l'origine des difficultés et permet de définir des plans d'action visant une plus grande efficacité.

Le diagnostic distingue quatre dimensions :

- **l'environnement**, c'est-à-dire tout ce qui est à l'extérieur du système, mais en relation avec lui. La frontière externe départage ce qui appartient au groupe et ce qui n'y est pas. La frontière interne distingue les membres du groupe de ceux qui appartiennent au leadership. Ces notions permettent d'analyser l'impact de l'environnement sur le groupe, et inversement. Par exemple, quelles conséquences pour l'entreprise si le service Paie est sous-traité à un prestataire externe ? Quel management dans un groupe projet où le leadership n'est pas clairement identifié ?

- **l'autorité du groupe**, avec d'un côté le leadership, et son « bras armé » l'appareil des services fonctionnels et, de l'autre, l'organigramme (« structure publique ») et le nom du groupe, ses règles de fonctionnement explicites et implicites (« sa culture »). Concrètement, qui est le chef ? Comment faire de la cohésion dans une équipe qui s'appelle « Division... » ? Que signifie « bien travailler » dans ce groupe ? Que transmet-on en priorité aux nouveaux ? Qu'est-ce qui est toléré comme manquements aux règles ? Quel est le jargon du groupe ?...
- **les membres du groupe** avec la « structure individuelle », à savoir les personnes qui occupent de fait les postes prévus dans l'organigramme, mais aussi la « structure privée », l'imago, autrement dit la manière dont chacun, en son for intérieur, se représente sa place, la place des autres et celle des leaders dans le groupe ou l'organisation. À quel groupe appartient l'assistante partagée entre deux directeurs de région ? Que disent les commerciaux de l'équipe marketing ? Et entre eux, que pensent les membres de l'équipe commerciale « grands comptes » au sujet des commerciaux « consommateur final » ?
- **le travail de groupe**, au sein duquel Berne distingue l'activité de groupe (la poursuite des objectifs opérationnels), et le processus, la manière dont le groupe s'y prend pour y parvenir. Quel est le principal enjeu stratégique du groupe aujourd'hui ? Son objectif est-il adapté à son environnement ? Quelles sont les réunions régulières ? Comment se passent-elles ?

Le concept particulièrement innovant de la TOB : l'imago de groupe. Comment une personne se représente-t-elle sa place dans un groupe ? Comment une équipe voit-elle et vit-elle sa place dans une organisation ?

L'imago évolue avec le temps. Il s'ajuste progressivement.

Premier temps du groupe : l'imago est provisoire. Par exemple, lorsque des salariés intègrent un groupe projet : il y a le chef de projet, moi et les autres. C'est le temps du retrait, de l'observation silencieuse des autres, et de quelques rituels : « Bonjour, ça va, je m'appelle... et vous ? » À ce stade, chacun participe.

Deuxième temps : l'imago adapté. Chacun commence à se faire une idée un peu plus précise des caractéristiques de quelques autres. Et, surtout, se demande comment se comporter par rapport au chef de projet : se faire remarquer ou, au contraire, s'effacer ? Chacun commence à s'impliquer dans la vie du groupe. Tout en discutant beaucoup de sujets... peu impliquants pour soi.

Troisième temps : l'imago opérationnel. Les représentations des uns sur les autres sortent du flou. Tout le monde est au travail. Y compris avec quelques jeux psychologiques. Les membres commencent à comprendre comment fonctionne le leader, à quoi il est sensible, ce qui est permis et interdit.

Enfin, dernier temps, l'imago est ajusté. Plus personne n'est dupe des autres. Le groupe est devenu important pour chacun. C'est le moment où chacun est clair sur ce qu'il est prêt à faire pour la survie du groupe. C'est le temps du travail et de l'intimité. Avec un sentiment d'appartenance au groupe.

Applications possibles

- Cohésion d'équipe et coopération.
- Intégration des nouveaux salariés.
- Règlement de conflits, en valorisant le rôle des conflits et des jeux psychologiques dans la structuration d'un groupe.
- Renforcement du leadership : travail sur les frontières externes du groupe et sur les frontières internes entre le leadership et les membres.

Apports et limites

L'apport essentiel de la Théorie organisationnelle de Berne est de maintenir en permanence à l'esprit la complexité des organisations et, paradoxalement, de sortir de la psychologisation des rapports humains, surtout dans un univers de consultants traversé par la vogue du développement personnel. Lorsque l'explication est de l'ordre de l'organigramme, nous sommes invités à regarder les personnes. Lorsque l'on est sur les individus, il est aussi important de se demander quelle est la fiche de poste ou, au contraire, quel est « l'imago ». Lorsque le manager s'interroge sur la non-atteinte des objectifs, mieux vaut observer les processus de groupe. La limite : une lecture trop mécanique du développement des groupes avec, en filigrane, cette norme, réductrice, qui veut qu'une équipe performante est une équipe où les membres s'entendent bien et où ils sont capables de résoudre leurs conflits.

Les conseils de l'expert

La TOB est riche de nombreux diagrammes, parmi lesquels celui des places. Dessiner, ou faire dessiner, la façon dont chacun est installé par rapport aux autres dans un bureau, un couloir, un bâtiment, est toujours riche d'enseignements. Pour le manager comme pour l'intervenant, la TOB est une manière simple de prendre du recul.

« Comment ça marche »

La TOB, ses principes et les outils qui en découlent peuvent s'acquérir en quatre jours de formation. Cela dit la TOB s'appuie sur les travaux et écrits d'Eric Berne, fondateur de l'Analyse transactionnelle. Il est donc souhaitable d'avoir un solide bagage en AT pour pouvoir bénéficier pleinement des apports de la TOB. Dans le parcours de formation approfondi aux concepts clefs de l'Analyse transactionnelle, deux jours sont souvent consacrés à la TOB, plutôt en fin de parcours.

Témoignage

« En dessinant la répartition des personnes et des bureaux dans nos locaux, j'ai compris non seulement d'où venaient les conflits au sein de l'équipe, mais surtout qu'il fallait faire descendre le directeur commercial au rez-de-chaussée, avec ses équipes. Dans une période de réorganisation et où les ventes commençaient à poser problème, c'était stratégique » (Pierre B, chef d'entreprise).

Repères bibliographiques

Fox Elliot M., « La théorie organisationnelle de Berne », *Classiques d'Analyse transactionnelle*, vol. 1, 1966.

Vergonjeanne François, *Coacher les groupes et les organisations avec la Théorie organisationnelle d'Eric Berne*, InterÉditions, 2010.

Berne Eric, *Structure et dynamique des organisations et des groupes*, Éditions de l'Analyse transactionnelle, 2005.

LA THÉORIE DE L'EXPECTATION DE VROOM

Manager et motiver les personnes et les équipes
Leadership et performance

Par Philippe FORSKI
Consultant et formateur en Management et Management de projet. Spécialisé dans les projets complexes, transversaux et multiculturels.

Historique et auteur

Victor H. Vroom (né en 1934) est un spécialiste reconnu pour ses travaux sur les comportements au sein de l'entreprise, la motivation, le leadership et la prise de décision, et enfin, plus récemment, sur les méthodes de résolution de problèmes.

Sa théorie de *l'expectation* est le résultat d'une recherche d'alternatives aux théories de la motivation fondées sur les besoins (*cf.* Maslow, page 135 et Herzberg page 93).

Description de La Théorie de l'expectation de Vroom

Vroom ne propose pas une méthode, mais plutôt une modélisation de nos comportements et de leurs origines.

La motivation est selon lui associée à trois aspects fondamentaux étroitement liés dans un cycle effort, performance, résultats (*outcome*).

Notre motivation à atteindre les résultats dépend directement de notre « capacité » à progresser dans le cycle :

- effort : penser que l'effort produit va avoir un effet direct sur notre performance, avec des questions sous-jacentes sur notre motivation telles que : « Est-ce que cela vaut le coup de faire un effort ? », Suis-je capable de... ? ». C'est l'Expectation.

- performance : savoir si le niveau de performance atteint va avoir un impact positif sur nous (« qu'est-ce que cela m'apporte ? »), c'est l'Instrumentalité.
- résultat : se poser la question de l'importance des fruits de notre travail (ce que cela nous apporte personnellement) par rapport à notre système de valeurs : c'est la Valence.

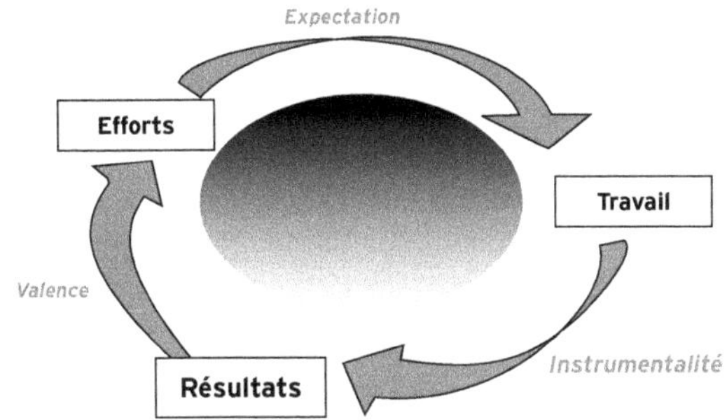

La compréhension de ce cycle permet donc d'affiner les étapes successives qui participent à la motivation nécessaire pour la réalisation d'actions : décider de les entreprendre, les mettre en œuvre, soutenir l'effort jusqu'à l'obtention des résultats attendus.

Applications possibles

La théorie de Vroom trouve des applications dans tout travail managérial : déléguer, allouer des ressources, fixer des objectifs, recadrer, accompagner, aider à progresser...

Elle permet de structurer un travail d'amélioration de son management :

- écoute et empathie, en quittant son cadre de référence pour se mettre dans celui de ses collaborateurs ;
- délégation et mesure du niveau de motivation de ses collaborateurs pour une meilleure allocation objectifs/motivation/compétences ;

- travail sur la reconnaissance, et sur les leviers de «récompense» (instrumentalité), et plus particulièrement sur leur adéquation aux attentes du collaborateur et sa capacité à l'anticiper (valence);
- compréhension des réticences, du manque de motivation affiché (exemple : traitement des problèmes d'expectation de collaborateurs compétents qui ne se sentent pas capables de réaliser un nouvel objectif)...

Apports et limites

En proposant une grille de lecture de la motivation, la théorie de Vroom est un outil qui peut aider le manager à comprendre son environnement et à améliorer son management.

Cependant, comme toute théorie sur les comportements, l'approche proposée ici est avant tout une réflexion théorique et ne peut être mise en œuvre de manière systématique : le manager ne pourra pas «faire l'économie» d'une réelle prise de recul pour l'appliquer au quotidien.

La théorie de l'expectation est en cela intéressante car elle replace l'individu et ses particularités au centre des préoccupations de l'observateur. En s'appropriant ce point de vue, le manager se met à l'écoute de ses collaborateurs et les aide à résister à la tentation naturelle de les cataloguer selon des schémas préétablis.

Les conseils de l'expert

Pour être réellement efficace, l'apprentissage de cette théorie doit être effectué dans une optique de mise en œuvre, c'est-à-dire apparaître clairement comme un moyen (parmi d'autres) pour se recentrer sur ses collaborateurs, améliorer son écoute. Dans le cadre d'un apprentissage, on privilégiera donc une approche qui permet directement de confronter son vécu, de mettre en perspective ses objectifs. En effet, la compréhension des concepts développés par Vroom est immédiate et pourrait être perçue comme limitée. Sa mise en application concrète, plus délicate, la rend aussi plus opérationnelle et permet un travail plus efficace et durable.

Témoignage

«Je réalise que ce qui est important, c'est finalement d'accorder un peu plus d'attention à mes collaborateurs. C'est vrai que j'ai toujours été sceptique sur toutes ces théories qui prétendent expliquer les comportements, mais en même temps j'avais tendance à mettre très rapidement les gens dans des cases! Je vais prendre plus de temps et tâcher de me poser les bonnes questions» (Christine, responsable de département dans une banque, à l'issue d'un atelier de travail réalisé lors d'une formation).

Repères bibliographiques

Vroom Victor H., *Work and Motivation*, Jossey-Bass publisher, 1995.

Les coordinateurs

Stéphanie BROUARD

DESS de Gestion des Ressources humaines, plus douze ans d'expérience dans le conseil et la formation, Stéphanie Brouard est aujourd'hui responsable pédagogique au sein du groupe EFE et responsable du département Management et Efficacité professionnelle. Elle développe l'offre de formations EFE et intervient toujours en tant que consultante formatrice dans les domaines de l'efficacité managériale, le bien-être au travail et la pédagogie pour adultes.

Fabrice DAVERIO

Manager chez L'Oréal et LVMH, Fabrice Daverio s'est ensuite formé au coaching et à de nombreux outils de communication avant de prendre la direction du CFPJ Entreprises et Leadership, département du Centre de formation et de perfectionnement des journalistes dédié à la formation des cadres et dirigeants. Il met au point des parcours de formations et anime les modules dédiés aux aspects comportementaux de la communication, notamment en situation sensible : communication du changement, négociations difficiles, stratégies de communication en climat tendu.

Les auteurs

Bruno ADLER

Consultant, formateur, coach en relations humaines. Éducateur, puis consultant et formateur en entreprise depuis plus de vingt ans, sur des missions d'accompagnement du changement, mais aussi coach individuel et d'équipe depuis plus de dix ans. Bruno Adler se forme régulièrement sur des outils de développement personnel pour les adapter au milieu professionnel.

Lydie ASSIER

Consultante en performance des organisations et des équipes, après une carrière de cadre en *business development* dans des groupes industriels. Coach certifiée et membre associée de la Société française de coaching, elle accompagne des managers et des dirigeants à des moments clés de leur développement professionnel.

Catherine BERLIET

Consultante formateur coach, spécialisée en efficacité professionnelle et communication. Consultante, coach certifiée MBTI®, Catherine Berliet conseille, forme et accompagne managers et responsables d'équipes depuis plus de dix ans. Elle a développé une expertise sur la gestion du temps et les outils d'efficacité personnelle et collective et intervient pour le compte de grandes entreprises sur ces problématiques.

Odile BERNHARDT

Exerce depuis vingt ans dans le domaine des relations humaines. Après un parcours de responsable ressources humaines, Odile Bernhardt a choisi ses activités professionnelles en lien avec le développement des personnes. Enseignante certifiée en PNL, formée à l'analyse systémique, elle aime mettre les outils et les techniques de ces modèles à la portée de ses stagiaires. Passionnée par le métier de coach qu'elle pratique et enseigne, elle est coauteur de l'ouvrage *Comprendre et pratiquer le coaching personnel* (InterÉditions, 2008).

Brian Mc CARRON

Diplômé de l'Université d'Oxford et de l'Insead, Brian Mc Carron a une double expérience comme manager dans des entreprises internationales et comme consultant international. Ces activités ont été menées dans une quarantaine de pays et dans divers secteurs (Industrie, Énergie, Finance, IT, Services; Organisations internationales). Il focalise ses activités aujourd'hui sur le développement de dirigeants et managers et de leurs organisations et équipes, face aux enjeux stratégiques, organisationnels, humains et culturels qui les confrontent.

Christine CARSTENSEN

Directrice de Pépites d'or, consultante, coach et formatrice. Formée à la créativité et à la psychologie à l'université de Paris V, Christine Carstensen a un parcours en communication et ingénierie de formation. Auteur de cinq livres - notamment *Devenir magicien de sa vie*, *Zen en un clin d'œil* - dont un en préparation, *Créativité, une ressource managériale*, elle intervient auprès de l'École centrale de Paris et d'entreprises internationales sur le management et la créativité opérationnelle.

Francis COLNOT

Professionnel des médias pendant plus de quinze ans (radio/télévision/presse écrite). Formateur consultant en communication et relations humaines, Francis Colnot a occupé en entreprise la fonction de directeur de la communication à l'international. Coach de dirigeants, de personnels d'encadrement et d'équipes. Coach personnel. Formateur et superviseur de coachs. Chargé de cours à l'université Paris VIII. Coach associé du cabinet Atout Coach, membre fondateur de l'AEC (Association européenne de coaching) et membre associé de la Société française de Coaching. Expert en communication et conduite du changement en entreprise.

Daniel DEGOVE

Centralien, Daniel Degove accompagne les dirigeants qui engagent des transformations pour leurs structures : une rupture culturelle, une fusion, ou encore un retournement. Certifié Coach 2005 de l'Académie du coaching, il est accrédité Team Management System. Pour ses missions, concernant principalement le leadership et la dynamique d'équipe, il s'appuie sur son expérience managériale au sein de groupes internationaux.

Frédéric DEMARQUET

Consultant, formateur, coach, Frédéric Demarquet anime des sessions en management, communication, développement personnel et professionnel et pédagogie. Il est chargé de cours à l'université Paris VIII dans le cadre du DESU « Pratiques du coaching ».

Patrice FABART

Après avoir exercé des fonctions commerciales et managériales dans différents grands groupes, Patrice Fabart est consultant, coach, et formateur en management. Il a créé la Méthode des Couleurs Arc-en-Ciel©®, nominée à la Nuit de la formation professionnelle 2009, Il est directeur de la société Arc-en-Ciel RH, distributeur exclusif mondial de cette méthode.

Philippe FORSKI

Consultant et formateur en management et management de projet. Spécialisé dans les projets complexes, transversaux et multiculturels, Philippe Forski aide dirigeants, managers et équipes opérationnelles à atteindre leurs objectifs par une meilleure combinaison des actions de structuration, de management et d'accompagnement. Philippe Forski a accompagné des entreprises dans plus de 25 pays, sur tous les continents.

Stéphanie IBANEZ-BOUNICAUD

Consultante et formatrice en gestion des ressources humaines et management, Stéphanie Ibanez-Bounicaud est docteur de l'École nationale supérieure d'arts et métiers, spécialité Génie industriel.

Didier KAHN

Consultant, coach, et formateur en management, carrière et développement personnel après une carrière de cadre et dirigeant d'entreprise. Formé aux écoles françaises et américaines, Didier Kahn applique l'ennéagramme depuis plusieurs années auprès des particuliers et en entreprise.

François KLEIN

Après avoir découvert en profondeur les entreprises comme journaliste économique et comme sociologue des organisations, François Klein prône une approche minimaliste et non humaniste de l'intervention de coaching, de formation ou de conseil. Au sein du cabinet

Manadoxe, il est expert des communications. Au CFPJ, il travaille sur le leadership.

Stéphane MALOCHET

Consultant, coach : formation au management et développement personnel. Formé à l'analyse systémique et à la Process-Com, Stéphane Malochet utilise la signature i-Lead pour développer la performance des équipes de ses clients.

Laurence MORYOUSSEF

Dirigeante du cabinet Manadoxe, coach certifiée depuis douze ans, Laurence Moryoussef intervient auprès des entreprises et des collectivités dans la résolution de problèmes individuels et collectifs, relationnels et humains. Elle défend une approche originale et pragmatique du coaching qui intègre les contraintes et les paradoxes auxquels sont soumis ses clients.

Gilles NOBLET

Aide ses clients à synthétiser des données de nature très différente pour leur permettre de repérer leur singularité et d'affirmer leur valeur ajoutée dans leur fonction. Après vingt ans de journalisme économique, Gilles Noblet a créé Passage de cAp, une société de conseil en valorisation des talents, en croisant ses compétences en matière de management, de communication et de ressources humaines. Expert en Personal Branding, coaching de carrière, et storytelling, il est l'auteur de *Développer sa marque personnelle – Le Personal Branding dans son métier, sa carrière et sa vie* (CFPJ, 2009).

Ariane OCLIN

Consultante formatrice depuis 2001, après huit années passées dans le conseil en recrutement, Ariane Oclin est spécialiste de la communication orale et des relations interpersonnelles. Diplômée de Sciences-Po Paris, certifiée MBTI®, elle fait partie de l'équipe CFPJ Leadership et accompagne les cadres dirigeants sur ces problématiques en individuel ou en petits groupes.

Daniel OLLIVIER

Consultant et formateur en développement de l'efficience managériale et l'accompagnement des projets à forte implication humaine. Ingénieur conseil chez Bossard Consultants, Daniel Ollivier a eu l'opportunité, dans les années 1980, de participer à la mise en œuvre opérationnelle de cet outil auprès de Jean-Christian Fauvet. Il l'utilise au sein des entreprises et administrations lors de la conduite des projets de réorganisation.

Jean-Marc ORTEGA

Coach et psychothérapeute, Jean-Marc Ortega est directeur de l'Institut Équilibre et Performance. Ses interventions en entreprises : l'accompagnement de cadres dirigeants. Son expertise : la Process Com®, la Communication non violente, l'intelligence émotionnelle, le Zen management et la Pleine Conscience -*(Mindfulness)* : prise de recul, méditation décisionnelle et stratégique...

David OUAHNOUNA

Consultant, coach et enseignant chercheur, David Ouahnouna intervient en tant que conseil en stratégie, ressources humaines et organisation auprès d'une clientèle nationale et internationale. Il est quotidiennement en charge de dossiers relatifs aux aspects sociaux et managériaux des opérations de fusions, scissions et acquisitions d'entreprises, de la gestion sociale des opérations de restructuration, et du coaching des cadres dirigeants. Il a une expertise spécifique sur les problématiques liées à la performance humaine. Il a créé et développé L'EPP 360. Docteur en management, il est aussi psychosociologue.

Jean-Benoît PARAT

Consultant Associé chez Open'Act, Jean-Benoît Parat conseille et accompagne les organisations dans leurs projets d'évolution au travers de missions de conseil, de coaching ou de formation.

François PHAM

Consultant depuis 1989, François Pham s'est spécialisé dans l'accompagnement du changement des organisations au travers de missions de conseil, coaching ou formation/ingénierie pédagogique. Il développe également des outils de mesure de la performance et des comportements qui sont utilisés dans le monde entier au travers du réseau Persona Global.

Nathalie SCHIPOUNOFF

Consultante formatrice accréditée Belbin. Spécialisée dans l'innovation, les médias et la création d'activité numérique, Nathalie Schipounoff a travaillé pendant plus de dix ans chez Télé Diffusion de France, Orange Lab et *Psychologies Magazine*. Elle intervient aujourd'hui au Celsa, au Pôle Universitaire de Vinci en MBA et accompagne les médias sur la dimension d'équipe et la créativité comme facteurs clés de succès dans le numérique.

Robert STAHL

Ingénieur, formé au développement personnel (Gestalt) et au coaching (PCC - Professional Coach Certified). Précédemment créateur et dirigeant d'écoles d'ingénieurs, Robert Stahl s'est spécialisé en coaching d'équipe, formation à l'accompagnement, coaching de projet professionnel et personnel. Vice-président 2010 de l'ICF (International Coach Federation) en France.

Catherine TANGUY

Coach, consultante en alignement stratégique, Catherine Tanguy est spécialisée en accompagnement d'équipes et de cadres dirigeants dans les dimensions stratégiques et managériales, accompagnement du changement. Spécialiste de l'intégration de la génération Y dans l'entreprise. Membre active de l'ICF (International Coach Federation).

Jean-Marc TERREL

Après une carrière de manager et dirigeant d'entreprise, Jean-Marc Terrel exerce comme coach et formateur de coachs, formateur en management commercial et en développement personnel et professionnel. Praticien certifié, il administre le Golden® depuis plusieurs années auprès des particuliers et en entreprise.

Sébastien THOMAS

Formateur, coach, consultant et préparateur mental d'athlètes de haut niveau, Sébastien Thomas est le dirigeant de Sport Entreprise Performance, organisme qui intervient auprès des entreprises, des sportifs et des particuliers dans le domaine de la performance individuelle et collective. Il est enseignant PNL certifié, formé à différentes approches cognitives et comportementales.